JN001750

失敗しない 新時代の 不動産売却

Selling Real Estate in the New Era without Failure

株式会社エコホームズ
大野 勲（おおの いさお）

株式会社レックホーム
徳田 和正（とくだ かずまさ）

株式会社フォステール
岸川 悦也（きしかわ えつや）

株式会社ライフアドバンス
奥田 幸三（おくだ こうぞう）

ウエストエリア株式会社
大村 武司（おおむら たけし）

株式会社穂高住販
川向 健太郎（かわむかい けんたろう）

幻冬舎MC

失敗しない新時代の不動産売却

はじめに

この本は6人の不動産会社の経営者によって書かれました。全員が主に不動産の仲介（媒介）を行う会社を経営しています。不動産仲介会社のもっとも重要な仕事のひとつは、お客様の立場でよりお客様が有利になる取引を行うことです。とくにお客様から不動産の売却の相談を受けたときは、まるで人生相談を受けたような気持ちになります。お客様の物件が高く売れれば、私たちも幸せな気持ちになります。

ところが現実には、お客様が売却に失敗したり、悪い業者にだまされて身動きとれなくなったりするのを見ることがあります。プロの目から見ると、いろいろなことが見えてきますが、すでに手遅れであることが少なくありません。もう少し早くお客様と出会っていたら、打つ手もあったと感じることも多いのです。

これ以上こんな不幸なお客様を見るのはいやだという6人の気持ちが、本書に結実しました。本書の中には、われわれ6人が5000件を超える不動産取引の中で培ってきた経験と知識がつまっています。ご自身の所有する不動産を売却したいと思ったら、まずは本書を読んでください。きっと、あなたの望む幸せな不動産売却の形が見えてくるでしょう。

令和4年8月吉日

はじめに

株式会社エコホームズ代表取締役　大野　勲
株式会社レックホーム代表取締役　徳田和正
株式会社フォステール代表取締役　岸川悦也
株式会社ライフアドバンス代表取締役　奥田幸三
ウエストエリア株式会社代表取締役　大村武司
株式会社穂高住販専務取締役　川向健太郎

目次

CHAPTER 1

不動産売却について最低限知っておきたいことはこれ

CHAPTER 2

どんな不動産会社を選べば安心でしょうか

CHAPTER 3

売却の前に用意しておくもの、やっておくこと

CHAPTER 4

売出価格はどう決めればいいでしょうか

CHAPTER 5

あとから知ったのでは遅いこともある 相続や税金、費用の基礎知識

CHAPTER 6

売却の難しい物件の 売却、管理、再生はこうしましょう

CHAPTER 7

不動産を高く売る 「裏技」はあるのでしょうか？

CHAPTER 8

売却以外にもある 空き家と土地の活用法

CHAPTER 1

不動産売却について
最低限知っておきたいことはこれ

ここではまず不動産売却について、最低限これだけは知っておきたいことをまとめてみました。ご自身が所有する不動産をいますぐ売却したという人はもちろん、いまはまだ具体的な売却予定がないという人も、ここを読んでおくといざというとき、きっと役に立ちます。

01 いますぐ売却の予定がなくても隣地との境界を確定させておきましょう

■境界が確定していない土地は売りにくい

あなたが現在所有されている不動産は何ですか？（将来、相続などによって所有権があなたに移る可能性のある不動産があれば、それについても考えてみてください）。

それは敷地の付いた建物ですか、単体の土地ですか？　あるいはマンションですか？

あなたの所有する不動産が敷地の付いた建物や単体の土地だとしたら、その敷地や単体の土地は隣地との境界が確定していますか？

将来その不動産をあなたが売却しようとしたとき、もし隣地との境界が確定していないとすると、面倒な問題が起きてくるかもしれません。

隣地との境界が確定していない土地は、買主に敬遠され、思ったように売れない恐れがあります。

なぜ敬遠されるかと言えば、隣地との境界が確定していないと、将来買主と隣地所有者との間で境界を巡るトラブルが起こる心配があるからです。境界が確定していないと建物を新築したり増築したりしたとき境界を越えてはみ出すことがあります。また塀や植栽で隣地との境を区切ろうとする場合にも正確な位置につくることができません。あるいは所有者が替わったとたんに隣地所有者から境界について異議が唱えられる恐れもあります。

さらに言えば、境界が確定していない土地は、そもそも正確な面積を算出することができません。正確な面積が分からなければ、土地価格を査定する際にも曖昧なものにならざるを得ません。したがって売出価格も曖昧なものになり、買主から価格の引き下げなどを求められる恐れもあります。

こうした境界が確定されていないことから起こるさまざまなトラブルを回避するため、不動産の売買手続きでは、マンション以外の不動産を売却する際、売主は隣地との境界を確定し、隣地との境界を明示する義務があるとされているのです。

境界確認書があれば大丈夫

では「隣地との境界が確定している」とは、どのような状態を指すのでしょうか？

あなたの手元に境界確認書があり確定測量図（境界確認図面）によって隣地との境界が明確に表示されていれば、あなたの所有する土地や建物の敷地は、隣地との境界が確定しているといえます。あなたの手元にある境界確認書には、次のような内容が明記されているはずです。

1. この土地の所有者と隣地所有者とが互いの合意により添付の境界確認図面のように境界線を確定した。
2. 境界を確認した土地の住所を表示
3. 境界確認書を必要部数作成し、実印を押した上でそれぞれ1部ずつ保有することにした。
4. 将来、それぞれが第三者に譲渡した場合も確定境界線を継承することを確認した。
5. 立ち会い年月日
6. 書類作成日
7. この土地の所有者と隣地所有者の住所・氏名・実印
8. 立ち会った土地家屋調査士や測量士の氏名・印

これは過去にあなた（あるいは以前の所有者）が隣地の所有者と土地家屋調査士（測量士）の立ち会いの元で、境界の確定を行ったことを証明するもので、それぞれが第三者にそれを譲渡（売却）した場合も確定境界線を継承すると誓約したことを示しています。ですからあなたがこの土地（と建物）を売却する場合は、代金の決済と同時にこの確認書を買主に渡すことで境界の明示義務を果たしたことになるのです。

■余裕のある間に隣地との境界確定を行おう

もしあなたの手元にこうした境界確認書がない場合は、どうしたらいいでしょうか。50万円程度の費用がかかりますが、土地家屋調査士に相談し、なるべく早く隣地の所有者との間で境界確定を行い、境界確定書を作成しておくことをお勧めします。

これを読んで「いますぐ売却を考えていないから、そこまでは必要ない」、そう考えた人は多いと思います。けれども境界確定を行い、最終的に隣地所有者との間に境界確認書を取り交わすまでに半年ほどかかる場合もあると知ったら、そうのんびり構えてもいられないのではないでしょうか。とくに隣地に国有地や公有地が含まれる場合は、国や地方公共団体の立ち会いを求める必要があり、境界の確定に思わぬ時間がかかることもあります。

境界確定は相手のあることですから、売却スケジュールが決まってから動き出したのでは遅いことがあるのです。急に売却する必要に迫られた場合など、こちらのスケジュールを優先しようとするあまり、隣地の所有者との関係がこじれる危険もあります。

あなたがお持ちの不動産が、相続などで代々受け継がれてきたものであるような場合は、一度も隣地との境界確定が行われていないこともあります。そんなケースでは当然、境界確認書は存在しません。こんな場合、こちらに時間的にも気持ちの上でも余裕のある間に隣地との境界確定を行っておけば、いざというとき役に立つこと間違いありません。

02 個人に売るか不動産会社に売るかで価格もかかる時間も違う

媒介か買取か

ご自身が所有する不動産を売却しようとする場合、2つの方法を選択することができることをご存じですか。

まずひとつは不動産を購入したいと思っている人を探して、その人に直接売却する方法です。この場合、あなたがご自身の力だけで不動産を購入する人を探したり、購入に向けたさまざまな売却手続きを進めたりするのは難しいので、不動産会社の力を借りることになります。あなたは、不動産会社との間に媒介契約を結び、売却条件などを細かく決めていきます。媒介契約を結んだ不動産会社には、法律によってさまざまな義務が課され、あなたの不動産がより高い価格でスムーズに売却できるようにサポートをします。こうした形による売却を媒介による売却と呼びます。一般の人がご自身の所有する不動産を売却する場合は、この方法を選択するのが普通です。

もうひとつの方法は、あなたの不動産を不動産会社に買い取ってもらう方法です。

媒介による売却の場合、購入者はその不動産に住んだり、住宅を建てたりするなど、自分で利用するために購入するのが前提になります。それに対して不動産会社による買取の場合は、新築住宅の敷地にしたりリフォームしたりするなど買い取った不動産会社が付加価値を付けて再度販売することを前提にしています。

このため媒介による売却と買取による売却では、売却価格や売却までの時間など、多くの異なる点が出てきます。それらについてこれから説明していきますが、まずは不動産を売却する際には、「媒介」と「買取」という異なる2つの方法を選択できるのだということを覚えておいてください。不動産会社の中には、この2つの方法があることを説明せず、どちらか一方の売却に誘導しようとする会社もあるので注意してください。

媒介と買取では売却価格と売却期間に差が出る

媒介と買取による売却で差が出るのは、主に売却価格と売却期間です。

買取の場合、媒介による売却の場合より、売却価格が低くなる可能性が高いといえます。買取を行う不動産会社は、リフォームをするなど購入した不動産に付加価値を付けた上で、再度販売することを前提として買取を行います。そのため相場価格から再度販売する際のリスクや経費を差し引いた価格にならざるを得ないのです。

その点、媒介による売却の場合は、インターネット媒体への掲載、新聞の折り込みチラシの配布など、各種広告媒体を通じて広く広告・販売活動を行うので、多くの購入希望者の目に触れる機会が多くなります。そのため適正な売出価格を付ければ、相場価格で売れる確率が高くなるのです。

しかし、広く広告・販売活動を行う媒介による売却は、不動産会社に買い取ってもらうのにくらべて売却までに時間がかかるというデメリットがあります。

媒介で売却する場合、売却を依頼された不動産会社は普通、買主を探して売買契約を結ぶまで3カ月程度を目安に売却査定価格や売却スケジュールを提案します。ところが売出価格が相場価格より高かったり不動産の条件が悪かったりすると売買契約を結ぶまでに3カ月以上の時間が必要になることもあります。また売買契約が締結されたあと「残金決済」と「不動産の引き渡し」が行われ、最終的に売却手続きが完了するまでには、さらに2、3カ月の時間が必要となります。つまり媒介による売却で、ご自身の不動産を現金化するには、早くても半年程度の時間を見ておいた方がいいということになります。

不動産会社による買取の場合は、広告・販売活動によって買主を探すという、もっとも時間が読めない行程が不要なので、媒介による売却にくらべて現金化するまでの時間が短いというメリットが出てきます。

■売却を急ぐ場合は買取を、時間的余裕があれば媒介を選ぶ

まとめると、住み替えのために売却しようとしている人で、すでに買い替え先が決まっているような場合や、相続税の納付のために不動産を売却する場合など、現金化の期日が決まっているような場合は、現金化の時期が読めない媒介による売却より、不動産会社による買取を選んだ方がよいといえます。

また買取には、次のようなメリットもあります。

・契約不適合責任がない

媒介によって不動産を売却した場合、あなたには売主として後に詳しく述べるように契約不適合責任というものが発生します。これは最近法律が変わるまでは、設備の修復責任

や瑕疵担保責任と呼ばれていたもので、不動産の引き渡し完了後、一定期間内に不動産の欠陥や不具合、設備の故障が見つかった場合には、売主の負担で修復を行うことを法律によって義務付けたものです。この契約不適合責任は、買取での売却の場合は、不動産会社が買主となるため免責となる場合が多く、売主にとっては後のトラブル発生のリスクを回避することが可能となります。

・内覧の必要がない

媒介での売却の場合、スムーズに売買契約に結びつけるためには、広告を見た購入希望者に実際にあなたの不動産を見せる必要があります。これが内覧です。内覧希望はできるだけ受け付けた方がいいのですが、日常生活を送りながら内覧希望にこたえるのは、けっこう大変です。その点、買取の場合は、不動産会社が現地確認を行って査定したあとは、内覧の必要がありません。

・リノベーションや修理がいらない

先にも触れたように買取の場合、買主である不動産会社は、購入した不動産に建物を新築したり、リノベーションしたりするなど、付加価値を付けて再度販売することを前提としています。したがってリノベーションや修理の必要がある物件でも、それに相当する価格を差し引いた上で買取をしてくれることが多いのです。

・近隣や周囲の人に知られる可能性が低い

あなたが先祖代々受け継いできた不動産を売却したいと考えた場合、親戚や近隣の人にはなるべく知られないでおきたいと思うのではないでしょうか。そんな場合には、インターネット媒体への掲載など、広く広告・販売活動を行う必要のある媒介による売却より、秘密性の高い買取の方がよいといえるかもしれません。

以上、買取のメリットを紹介してきましたが、同じ不動産を媒介と買取の両方で売却価格を査定してもらった場合、そこには思わず「え⁉」と声が出てしまうほどの差が生じることがほとんどです。なぜそのような差が生まれるかと言えば、ここに挙げてきた売主にとっての買取のメリットは、そのまま買主である不動産会社にとってはデメリット、つまりリスクになるからです。そのリスクを差し引くと、買取額は、媒介で売却する際の査定額より大幅に低くならざるを得ないのです。

ですから、時間的に余裕のある場合は、媒介による売却を選び、より高い価格で購入してくれる買主を時間をかけて探すことをお勧めします。

03 売却相談から価格査定までの流れを知っておこう

不動産会社への相談は気軽に

ご自身が所有する不動産を売却しようと決めたら不動産会社に売却の相談をします。相談を受けた不動産会社は、売却条件を詳しく確認し、あなたの所有する不動産を調査します（物件調査）。その調査結果をもとにその時点からおよそ3カ月後までに売れるであろう価格を査定します（価格査定）。ここまでは通常、無料でやってくれますから、気軽に相談して4社から5社の不動産会社から価格査定をしてもらうようにします。

相談する不動産会社を探す方法は、いろいろあります。

最近ではインターネットで査定を依頼すると複数の不動産会社からざっくりした価格査定（簡易査定）結果が届く「一括査定窓口」というものもあります。また自宅にポスティングされた不動産会社のチラシやDMを見て電話してみるという方法もあります。インターネットも電話もいやだという人は近隣の不動産屋に飛び込むという方法もアリです。

どんな方法であれ、不動産会社と連絡をとり売却の相談をしたからといって、必ずその不動産を売却しなければならないということではありません。文字通り相談するだけでもいいのです。たとえば、いまが売り時なのか知りたい。不動産の相場はいまどういう状態にあるのか。上がっているのか、下がっているのか。買主は積極的に動いている時期なのかなど、それこそどんな素朴な疑問でもいいので不動産会社にぶつけてみてください。それでもし相手の対応が十分でなかったり、不愉快なものであったりしたら、むしろラッキーだったと思ってください。そういう不動産会社とは、この段階で縁を切った方がいいのです。

たとえば先に触れた媒介による売却と買取について言えば、あなたが不動産を売却する理由を詳しく聞かないうちから、どちらか一方での売却に話を絞ってくるような不動産会社や営業マンには注意が必要です。

あなたの所有する不動産を売却する場合、媒介による売却がいいのか買取による売却がいいのかは、あなたが売却を決断した理由を詳しく聞いてみないと判断できません。たとえば、未返却の住宅ローン（残債）がたくさん残っている場合は、まずその時点の相場で売却したとして残債が完済できるかどうか慎重に判断すべきです。場合によっては媒介による売却も買取も難しいという判断になることもあります。また相続税の納付期限が決まっているような場合は、売却スケジュールを優先するため買取がいいこともあります。

まずは売主であるあなたの事情にあった売却方法を提案してくれる不動産会社を探しましょう。不動産会社とのいい出合いから幸せな不動産売却の第1歩が始まるのです。

■あなたの不動産の売却条件を明確にする

ご自身が所有する不動産を売却しようと決めたら売却の相談をする不動産会社を探すと同時に、以下の項目を参考に、その不動産を特定するデータを書き出すとともに、なぜその不動産を売却することになったのか、その経緯をまとめてみましょう。これによってあなたの不動産の売却条件が明確になってきます。

①不動産の所在
②所有者名
③売却する不動産の種類（土地・戸建ての建物・マンションなど）
④売却する理由
⑤売却時期（現金が必要な時期）
⑥売却価格
⑦不動産会社に伝えておきたいこと（近隣に売却を知られたくないなど）

とくに④売却する理由は重要です。一口で不動産売却と言っても売却する理由はさまざまです。あなたから不動産会社にご自身の不動産を売却する理由をきちんと伝えておかないと、不動産会社も適切に対応ができません。

たとえば、あなたが住み替えのために現在お住まいの住宅を売却しようと考えているような場合で考えてみましょう。もしあなたに資金的な余裕があり、新居の購入と現在の自宅の売却を別にして進められるようであれば、少し高めの価格で売りに出し、時間をかけて価格を調整し媒介によって売却していくという方法がとれます。

一方、資金的な余裕がないため新居の購入と現在の自宅の売却を並行して進め、それぞれの代金決済を連続して行いたいという場合は、価格よりもスケジュールを優先させることが重要になってきます。こうしたケースでは媒介による売却より不動産会社による買取がいいという判断になるでしょう。

しかしこうした事情を正直に不動産会社に打ち明けないでいた場合、どこかで齟齬が生まれ、スムーズな売却が行えなくなってしまう恐れがあります。

また先にも触れたように相続税の納付のために不動産を現金化したいというような場合は⑤の「売却時期（現金が必要な時期）」が最優先となるでしょうから、⑦「不動産会社に伝えておきたいこと」として、その旨をしっかり伝えておくことが大切です。

物件調査と価格査定

あなたから不動産の売却相談を受けた不動産会社は、あなたの不動産の売却条件を確認すると、その不動産の売出価格を決める基準となる価格を査定するための調査に着手します。ここで注意したいことがあります。査定価格は、媒介で売却する際の売出価格を決める基準になるものですが、この価格で必ず売れるわけではありません。査定を依頼した不動産会社がこの価格で買い取ってくれるわけでもありません。あなたが買取を希望する場合は、この査定価格から先に触れたさまざまなリスクや経費を勘案した上で、不動産会社が買取価格を提示してくれます。

価格査定には簡易査定（机上査定）といわれる簡易的な査定と実際に現地に足を運んだ上で行う現地査定があります。

簡易査定はその不動産の周辺で過去に似たような物件がいくらで売れているのかを確認した上で、近年の路線価や公示地価の変化を考慮し、売却価格を予想するものです。過去の売買データをもとに、おおよその売却価格帯を予想する方法です。簡易査定は査定時間が短いのが特徴です。場合によっては数時間で算出できます。依頼した側にとって不動産会社を直接訪ねる必要がないことが魅力ですが、あくまで概算ですから正確性に欠ける点には注意が必要です。また一括査定窓口など、インターネット上で行われている自動査定はすべてこの簡易査定と考えてください。

一方、実際に現地に足を運び以下の点を確認した上で行う現地査定です。現地に足を運んだ査定担当者が以下のポイントをチェックします。

敷地形状　↓　形状、斜面の有無を確認
敷地境界　↓　隣の敷地との境界が確定されているか確認
接道幅員　↓　敷地に接面する道路の幅を確認
近隣関係　↓　日当たり、越境、高圧線の有無を確認
インフラ　↓　上下水道、ガスの状況を確認
建物の状態　↓　傾きや地盤沈下の有無を確認
設備修繕　↓　設備の劣化や破損、修繕の有無を確認
管理状況　↓　庭、ゴミ置き場、駐輪場など状況を確認
その他　↓　騒音や臭い、近隣の環境を確認

現地査定を依頼する際には、登記簿謄本、権利証、建物の図面などあなたが売主であることを証明する書類が必要になります。もちろん簡易査定よりも時間はかかります。価格

査定報告書の作成までに数日かかる場合があります。

ご自身の所有する不動産の売却を前向きに検討しているのであれば、精度の高い現地査定をお勧めします。インターネットや電話で行う簡易査定と違って、書類の確認など担当者と直接会う必要がある現地査定は、この後、媒介契約や売買契約を結ぶことになる不動産会社が信頼できるかどうかを判断する一助にもなります。

04 媒介契約の締結と広告・販売活動

■ 査定価格が高すぎるのは考えもの

繰り返しになりますが、価格査定は少なくとも4社か5社から出してもらうのが、この後の売却ステージに進む上での最低条件です。

また価格査定を依頼する際に、媒介による売却の際の査定額だけでなく、それをもとにした買取額も出してもらってください。

価格査定を依頼された不動産会社は、価格査定報告書でざっと以下の項目について、あなたに提案・報告をしてくれます。

売出価格：査定価格をもとに不動産会社が提案する売出価格
査定価格：調査をもとに算出した媒介契約期間（基本は3カ月）に売却可能と予想される価格
査定価格の根拠：査定価格を算出する際に根拠となった事実
成約物件事例：あなたが査定依頼した不動産に類似する条件の物件の成約事例
売り出し物件事例：あなたが査定依頼した不動産の周辺で売り出されている物件の事例

その上でこの価格査定報告書をもとに売出価格を決めたり、実際に媒介契約を結んだり買取を依頼する不動産会社を決めていくわけですが、ここで注意したいのは、自社と媒介契約を結んでほしいあまり、実際の相場価格より高い査定価格を提示してくる不動産会社があるということです。

それを見分けるポイントは、まず飛び抜けて高い査定額を出している不動産会社をチェックしてみることです。とくに「査定価格の根拠」は最重要ポイントです。査定を行う際、そのもとになるのは、あなたの不動産と類似した物件の成約情報です。したがって数社に査定を依頼したとして、その査定価格が大きく違ってくることは少ないはずです。もし他社より高い査定額を提示している会社があったら、その算出方法や根拠を詳しく知ることが大切です。

まずは価格査定報告書で査定価格の根拠の部分を熟読し、納得できなければ、担当者に説明を求めましょう。もしその返答が曖昧なものであった場合は、その査定価格は水増しされたものである可能性があります。

また売出価格と買取価格の差が大きすぎる場合もチェックが必要です。一般的に言ってどの不動産会社も買取価格はシビアに査定し、売出価格は甘くなりがちですが、この差があまりに大きいのは、やはり不自然です。

売主であるあなたは相場より少しでも高い価格で売却したいという心理が働きますから、不動産会社が出した高い査定価格に飛びつきたくなります。しかし買主は逆に少しでも相場より安く買いたいという心理が働くことから、売出状況や成約状況を細かくチェックしています。それを忘れてはいけないのです。ですからあなたがご自身で所有する不動産を売却しようと思ったら、周辺の不動産の相場には注意を払い、ある程度の「相場感」を育てておく必要があるといえます。不動産会社が出した査定価格を鵜呑みにして相場より高い価格で売り出した場合、相場に敏感な買主からそっぽを向かれることが少なくありません。その結果、売却期間が長引くだけでなく、逆に売り出し後に販売価格を下げざるを得なくなり、適正価格で売り出した場合より不利な売却結果になることもあるのです。

■媒介か契約買取（売却）契約かいずれかを結ぶ

あなたが媒介による売却を選択しようと考え、それを各不動産会社に伝えておいた場合、価格査定報告書を出すのとほぼ同じタイミングで、今後の広告・販売活動についての提案があるはずです。どんな方法で買主にあなたの不動産を知ってもらうのか、その手段についての提案です。インターネットではどの不動産情報掲載サイト（ポータルサイトと呼ばれることが多い）に情報を載せるのか。新聞の折り込みチラシは利用するのか。それぞれ物件や地域の特性に合わせた広告・販売活動を提案してくるでしょう。

こうした広告・販売活動の内容もあなたが媒介による売却を任せる不動産会社を決める際の重要なポイントになります。

価格査定報告書の内容や広告・販売活動の説明などを聞いて、「この会社（この営業マン）とは縁があるな」と感じたら媒介契約書を取り交わし、正式にその不動産会社に媒介による売却を依頼します。

それに対して、あなたご自身の不動産を媒介で売却しようと思っている場合は、ここからが売却のスタートといっていいでしょう。

媒介契約書を取り交わすことによって売却手数料をはじめいろいろな料金も発生します。また売主であるあなたにも媒介（仲介）を担当する不動産会社にも法律的な義務と権利が発生するのです。因みに不動産会社は媒介契約なしに不動産の販売活動にかかわることはできないと法律で定められています。

実際には「正式に売却を依頼します」という内容を書面化します。この書面を「媒介契約書」といいます。私たち不動産会社は、この媒介契約を締結しないと、販売活動をしてはいけないことになっています。

買取を希望される場合は、不動産会社が出してくれた買取価格とあなたの希望価格が折り合えば、不動産会社との間で売却契約を交わします。その後は不動産の引き渡しや代金の決済といった事務的な作業に移っていきますから、実質的な交渉事はここで終了です。

ここからは媒介による不動産の売却の流れに絞って解説を続けていきます。

■媒介契約の手数料と種類

このように媒介による不動産の売却は、あなたと不動産会社との間に媒介契約が交わされることによってスタートします。媒介契約についての詳しい解説は2章で行いますので、ここではまず媒介契約書の内容をざっと見ておきましょう。

媒介契約とは、あなたがご自身の不動産の売却を依頼する不動産会社との間で取り決める約束のことです。多くの不動産会社は国土交通省が公開している標準媒介契約約款に準拠して媒介契約書を作成しています。その内容は主に左記の6点からなっています。

媒介契約の種類
指定流通機構（レインズ）への登録に関すること
売主への業務報告に関すること
契約の有効期間
報酬に関すること
違約金や費用償還の請求に関すること

ここで押さえておきたいのは、まず「報酬に関すること」でしょうか。

売主であるあなたが媒介によって売却が成立した場合、不動産会社に支払う手数料の上限は、売却価格が400万円を超える場合は、以下の計算式で求められます。

媒介（仲介）手数料＝（売却価格×3％＋6万円）＋消費税

たとえば売却価格が5000万円とすると、媒介（仲介）手数料は以下のようになります。

仲介手数料＝5000万円×3・3％＋6万6000円＝171万6000円

これはあくまで上限です。これ以上の報酬を不動産会社は受け取ってはいけないということですから、実際の手数料はケースバイケースです。不動産会社によって半額ぐらいになる場合もあります。

つぎに媒介契約の種類についてです。どの媒介契約をどんな場合に選べばいいのかなど、詳しくは2章を参照していただきたいのですが、ここではまず媒介契約には次の3つがあることを押さえておいてください。

一般媒介契約
専任媒介契約
専属専任媒介契約

この3つでどこが違うのか。まず一般媒介契約が複数の不動産会社と媒介契約を結ぶことができるのに対し、専任媒介契約と専属専任媒介契約は1社としか契約できない点が大きな違いです。

また、売主が自分で見つけた買主と売買契約を締結（自己発見取引）できるかどうかという違いもあります。一般媒介契約と専任媒介契約では、自己発見取引が可能ですが、専属専任媒介契約ではできないことになっています。

■レインズへの登録と販売活動の開始

さらに指定流通機構（レインズ）への登録に関することについても見ておきます。

媒介契約を結んだ不動産会社は、自社の顧客リストへ連絡したり、ポスティング用のチラシをつくるなど、まずは自力で買主を探します。売却の依頼を受けた物件の買主を自社で見つけることができれば、売主と買主の両方から仲介手数料をもらう「両手取引」が可能になるからです。しかしこれには2章で詳しく解説するように「囲い込み」という弊害も生じるので、ほかの不動産会社にも広く物件情報を知らせるために「指定流通機構（レインズ）」というネットワークが用意されているのです。

この指定流通機構（レインズ）への登録義務が媒介契約の種類によって異なります。一般媒介契約の場合は指定流通機構への登録は任意ですが、専任媒介契約の場合は契約を結んだ翌日から7営業日以内、専属専任媒介契約書で同5日以内の登録が義務付けられています。そしてこれはぜひ頭の隅に置いておいてほしいのですが、不動産会社が指定流通機構（レインズ）にあなたの不動産を登録した場合、登録済証を交付することになっています。そして指定流通機構（レインズ）は不動産会社だけが見ることができるネットワークですが、売主であるあなたは自分の物件だけに限って見ることができるのです。

媒介契約が成立すると、レインズに登録することに加え、不動産会社はあなたから依頼された不動産の売却をするため積極的に販売活動を開始します。

自社のホームページや一般の不動産ポータルサイトなどインターネット媒体への掲載や新聞折り込みチラシなどの手配、オープンハウスやオープンルームなど現地販売会を実施することもあります。もしあなたに「こんな販売活動をやってほしい」というリクエストがあれば担当営業マンに話してみるのもいいでしょう。逆に、販売活動に内容を聞いて「これはやってほしくない」と思うことがあれば伝えてみてください。

05 買受希望者との交渉から物件の引き渡しまで

購入条件の確認と交渉

あなたが媒介による売却を依頼した不動産会社が販売活動を行い、購入したい人が見つかると、不動産会社は購入希望者に「購入申込書（買付証明書）」の記入を求め、購入希望の意思表示をしてもらいます。

あなたはこの購入申込書の内容を確認した上で、正式に売買契約に向けて話を進めるかどうか、判断することになります。

購入申し込みは、そこに書かれた条件が満たされれば購入したいという希望を示したものので、売買契約とは別のものです。申し込みがあったからといって契約が成立するわけではありませんから注意が必要です。

また購入申込書に書かれた条件（希望価格、引き渡し希望日など）は、必ずしもあなたが不動産会社に示した売却条件を満たしているとは限りません。たとえば、あなたの売却希望価格とあまりに購入希望者の買取希望価格がかけ離れている場合は、この段階で拒否することもできますし、購入希望者に対してもう少し価格を上げてほしいと不動産会社を通じて交渉することもできます。逆に購入希望者からもう少し価格を下げてほしいという希望がくることもあります。

つまり購入申込書を間に挟んで、売買条件に相違点があれば、売主であるあなたと買主である購入希望者が交渉していくことになるのです。

因みにこの購入申し込みは売主であるあなたが拒否できたように、購入希望者も撤回することができます。正式な売買契約であればキャンセルは、手付金が没収されたり違約金が生じたりしますが、購入申し込みではそのようなペナルティーはありません。また購入申し込みをするに当たって購入希望者が、5~10万円程度の購入申込金を支払うのが普通です。申し込みを撤回した場合は、この購入申込金は返金されます。

売買契約の締結・手付金の授受

売主であるあなたと、購入希望者（買主）の間で、売買価格をはじめ、引き渡し時期、手付金の額など、売買についての諸条件に折り合いがつけば、いよいよ売買契約の締結に進みます。不動産会社は、その諸条件を文章化し契約書類を作成します。あなたは事前にその内容を確認し、間違いがないかチェックしてください。

契約の当日には、売買契約書に署名押捺し、売主であるあなたは売買代金の一部に充当される手付金を受け取ることになります。

また契約の当日には以下の書類などが必要になります。購入希望者が決まるまでに用意しておいてください。

権利証（買主に提示）
実印と印鑑証明書（3カ月以内のもの1通）
管理規約書（マンションの場合）、建築確認通知書等
固定資産税納付書
印紙代（売買金額によって異なります）
仲介手数料の一部（媒介契約の支払条件により異なります。別途消費税および地方消費税がかかります）

売買契約は代理人が締結することもできます。その際は左記が必要になります。

委任状（ご本人の自署と実印を押印）

ご本人の印鑑証明書（3カ月以内のもの1通）
代理人の実印
代理人の印鑑証明書（3カ月以内のもの1通）

■引っ越しやローンの返済など物件引き渡し準備をする

不動産売買契約の締結後は、売主であるあなたには所有権移転登記申請、物件引き渡しなどの義務が発生します。また、契約書に記載された文言に沿ってお互いの権利や義務を履行しなければなりません。違反した場合の罰則もあるので注意が必要です。

あなたが売主として売却した物件に、あなたが住んでいる場合は、約束した引き渡し期日までに引っ越しし、買主に引き渡せる状態にする必要があります。引っ越しが済んだら公共料金（電気・ガス・水道料金等）の清算を行います。引き渡しの期日は売買契約書などで明示されていますから、それに十分間に合う引っ越しスケジュールをたてることが重要です。

引き渡しに向けて、建築確認書、付帯設備の説明書、パンフレット等、マンションの場合、管理規約などの必要書類も用意してください。

またこの章の冒頭で触れたように隣地との境界が不明確であれば、引き渡しまでに境界を明示できる資料などを用意しておく必要もあります。

さらにあなたの売却する物件に住宅ローンなど抵当権が付いている場合は、その残債務を清算して抵当権を抹消する必要があります。事前に自己資金で抵当権の抹消ができればそれに越したことはありませんが、買主から受領する売却代金で抵当権を抹消する場合も少なくありません。このような場合、司法書士に相談するなどして抹消手続きを進め、金融機関にも連絡を入れ、引き渡し日に向けて準備を進めます。

こうした準備は、売却を依頼した不動産会社もサポートしてくれますが、売主であるあなたにしかできないこともあるので事前に段取りを確認しておきましょう。

とくに買い替えの際は、売却代金を購入資金に当てる場合もあり、その場合は、一時的に仮住まいをしたり、買主の入居のスケジュールを調整するなど、いろいろな調整が必要になります。仮住まいの費用算出や各種調整については、事前に売却を依頼する不動産会社に相談することも大切です。

残金決済・物件の引き渡し

売主であるあなたの引き渡し準備が整い、無事に買主の住宅ローンの契約が完了したら、残金決済と物件の引き渡しを行います。この作業は通常、買主が住宅ローンを利用した金融機関で実施されることが多いです。

残金決済と物件の引き渡しは、決済に立ち会う司法書士が、登記に必要な書類・情報を確認することから始まります。司法書士により所有権の移転・抵当権等の抹消等に必要な書類・情報が確認されたあとに、あなたは買主から残代金の支払いを受けます。書類が不足していたり情報が確認できないような場合は、決済を延期します。

あなたが残金を受け取り、登記の申請が済むと、売主であるあなたが買主にカギをすべて渡し物件の引き渡しが終了します。

残金決済と物件の引き渡しの流れを再度まとめると以下のようになります。

1. 登記の申請書類の確認：所有権移転登記の申請を司法書士に依頼します。抵当権抹消登記がある場合は、登記費用を支払います。
2. 残金の受領：売主は残金を受け取って領収書を発行します。
3. 固定資産税等の清算：引き渡し日までの金額を日割りで計算し、清算金を受け取ります。
4. 関係書類の引き渡し：管理規約やパンフレット、付帯設備の保証書など関係書類をまとめて買主様に引き渡します。

5. カギの引き渡し：売主は買主にカギをすべて引き渡します。

6. 諸費用の清算：仲介手数料などの諸費用を支払います。

■残金決済時に売主が用意するもの

権利証（登記済証）：所有不動産の内容確認、および所有権の移転登記時に必要です

実印：共有者がいる場合は、共有者分も必要です

印鑑証明書（3カ月以内のもの1通）：共有者がいる場合は、共有者分も必要です

固定資産税納付書

住民票：共有者がいる場合は共有者分も必要です

電気・ガス・水道等清算領収書

06 確定申告と納税

不動産の売却益には所得税と住民税がかかる

不動産の売却は、残金決済と物件の引き渡しで終了するわけではありません。最後に確定申告と納税という大事なイベントが残っています。5章で詳しく触れるように、あなたが実際に住んでいた住宅を売却したような場合は、税金の控除を受けられ納税が不要なこともありますが、申告自体は必要です。

不動産を売却したときにかかってくる税金には、所得税・復興特別所得税と住民税があります。このうち所得税の納税額を決めるには確定申告が必要です。住民税は、所得税の確定申告に基づいて翌年度分として課税されることになります。

所得税の申告は不動産を売却した翌年に行います。申告時期は毎年2月16日～3月15日で、あなたが住んでいる場所を管轄する税務署に申告します。

確定申告を行う場合には申告書のほかに、以下のような添付書類が必要です。

●譲渡所得の内訳書：不動産の売却後、税務署から売主に送られてくる書類。譲渡した不動産の概要や売却金額、支払った費用などを記入して確定申告書に添付します。
●譲渡時の書類：売却したときの売買契約書や売買代金受領書、固定資産税精算書、仲介手数料などの領収書のコピー。
●取得時の資料：売却した不動産を取得したときの売買契約書、固定資産税精算書、仲介手数料の領収書などのコピー、増改築時の請負契約書や領収書のコピーなど。
●売却した土地・建物の全部事項証明書
●戸籍の附票：「3000万円特別控除」など各種特例控除を利用するときに提出する。

不動産を売却する際は、そこから出る売却益にかかる税金も計算しておかないと、あとから税金がたくさんきて慌てることになりかねません。

とくに所得税の納付間は、申告時期と同じタイミングで1カ月しかありません。分割納付もできますが、当然、利子がかかってきます。

CHAPTER 2

どんな不動産会社を選べば安心でしょうか

不動産の売却はひとりではできません。媒介（仲介）による売却を選んだ場合、信頼できる不動産会社を見つけ、安心して売却を任せることのできる営業マンと出会うことが何よりも大切です。では、「信頼できる不動産会社」を選ぶには、どうすればいいでしょうか。またそこで出会った営業マンが信頼にたる人かどうか何を基準に判断すればいいのでしょうか。この章では、そこをできる限り深掘りしてみました。

01 不動産会社選びはホームページや広告、看板から

不動産会社には得意な分野がある

鉄道の駅などを歩くと、いくつもの不動産会社の店舗を見かけます。大きな看板を掲げ、お客様が頻繁に出入りしているような店舗もあれば、ほとんどお客様の出入りもなく、ひっそりと昭和の雰囲気を漂わせる小規模な店舗もあります。こうしたさまざまな不動産会社の中からあなたの不動産の売却を依頼する会社をどのようにして選べばいいのでしょうか。

まず知っておきたいのは、不動産会社には、それぞれ得意な分野があるということです。街で見かける不動産会社の看板には、賃貸仲介、賃貸管理、売買仲介・買取、新築マンション販売、分譲住宅販売、不動産コンサルティングなど、さまざまな文字が躍っています。

たとえば「賃貸仲介」と大きな文字で書いてある不動産会社は、アパートや賃貸マンションなど、賃貸物件の仲介を主に扱っています。アパートや賃貸マンション、貸家などの大家さんから入居者募集の依頼を受け、賃貸住宅を探している人を紹介するのが主な仕事です。

賃貸仲介をしていると大家さんから建物や入居者の管理を依頼されるケースもあるので、こうした不動産会社は賃貸管理も併せて行うことが多くなります。

また新築マンション販売や分譲住宅販売を掲げている不動産会社は、新築のマンションや一戸建ての分譲住宅を販売するのを専門にしています。

一方、お客様の出入りも少なく看板には「●●不動産」と屋号しか書いてないような小規模な不動産会社は、個人経営である場合が多く、不動産ブローカー的な仕事をしていることが多いようです。

不動産ブローカーとは、田畑や山林など広い土地の持ち主（地主）に声をかけ、売りたいという人がいれば、住宅分譲会社や開発専門の不動産会社につなぐ仕事をしている人のことを言います。扱う物件は開発を必要とするような大きい物件が多く、業者間の取引を主にしています。

■売買仲介・買取が専門の不動産会社を選ぶ

最後に触れた不動産ブローカー的な仕事をしている不動産会社が典型的ですが、ここまで挙げたような仕事をしている不動産会社に、あなたが所有している不動産を媒介で売却依頼したとしても、あまりスムーズに話は進まないだろうと思います。

なぜかというと、これらの業態の不動産会社は、個人から居住用の不動産の売却依頼を受け、それを個人の購入希望者に向けて販売するという仕事を専門にしているわけではないからです。

あなたが売却しようとしている不動産がマンションであったり一戸建ての住宅であったりするような場合は、仲介売買や買取を専門にしている不動産会社を選ぶのがいいでしょう。

では多くの不動産会社の中から売買仲介と買取を専門に行っている会社をどうやって探せばいいのでしょうか。

いちばん簡単で確実なのは、その不動産会社のホームページ（HP）を見て、扱っている物件をチェックしてみることです。

まずはホームページでその不動産会社が扱っている物件を見て、中古のマンションや一戸建て、一戸建て用の土地を中心に扱っている会社かどうかを確認してください。それが確認できたら、こんどはそのうち仲介物件の比率がどれくらいあるかをチェックします。現在は、ホームページや広告に掲載した物件が仲介であるのか、あるいは自社の所有物件であるのか明示することになっているので、分かりやすいです。その結果8割ぐらいが仲介物件であれば、その不動産会社は仲介を得意にしていると判断できます。こうした比率について以前は簡単には分からなかったのですが、いまはホームページがあるので分かりやすくなりました。

こうした得意分野は、分かりやすく店舗の看板に表示されている場合もあります。たとえばセンチュリー21はフランチャイズなので、加盟している不動産会社によって何を得意分野として打ち出すかは異なります。そのため全国にある1000店舗ほどを見ると、得意分野がみな違うので、お客様に分かりやすいように明示しています。

■規模の大きな会社がやはり安心⁉

つぎに会社の規模について考えてみましょう。

不動産会社の規模は、これも大小さまざまです。財閥グループの名前を冠した不動産会社や鉄道の名前を冠した不動産会社など、全国規模で直営の支店・営業所を展開するのがいわゆる「大手不動産会社」です。またセンチュリー21のように経営母体が異なる不動産会社が互いに協力しながら全国をくまなくネットワークしているフランチャイズチェーンもあります。

その一方、社員はおらず家族経営で先に触れた不動産ブローカー的な動きをしているような不動産会社もあります。

売却を依頼する側から不動産会社を見た場合のメリット・デメリットを考えてみると、やはり規模の大きな会社にはメリットが大きいと言わざるを得ません。

まず抱えている顧客の数が違います。大手の不動産会社になればなるほど大量の広告を打つことで多くの顧客を抱え込むことができます。最近ではインターネットを通じた「一括査定」サービスが顧客と不動産会社を結ぶ最短のツールとなっていますから、大手不動産会社がインターネットの検索サイトに注ぎ込む広告料は莫大なものになっています。

これに対して家族経営の不動産会社はもちろん中小の不動産会社が打てる広告の量には

限りがありますから、抱える顧客の数ではどうしても不利にならざるを得ないのです。

抱える顧客の数が少ないとなぜ売却を依頼する側にとってデメリットになるかというと、それはマッチングのチャンスに圧倒的な差が出るからです。大手の不動産会社とまではいかなくても、そこそこの規模感のある不動産会社であれば、どのエリアでも常に物件を探している顧客を抱えています。そしてどの顧客がどんな物件をどれくらいの価格で探しているかを正確に把握しています。

したがってあなたがあるエリアで物件の売却を依頼すると、すぐにその物件の属性を分析して、購入希望を持つ顧客とマッチングさせることができるのです。そのマッチングがうまくいけば広告はもちろんレインズに登録する前に買主が事実上決まってしまうこともあります。

あなたの売却する物件の近くにある会社を選ぶ

会社の規模で不動産会社を選ぼうとする際、もしも複数の不動産会社が候補に残ったら、売り物件の近くに本社や支店がある会社、センチュリー21のようなフランチャイズの場合は近くに加盟店がある会社を選びましょう。

あなたの不動産に興味を持ってくれた購入希望者にとって大切なのは物件そのものを見

る、いわゆる内見です。あなたの依頼した不動産が少しでも会社に近ければ、不動産会社の担当営業マンは、快く内見に案内することができ、それだけ成約につながりやすいといえます。

さらにあなたがまだその不動産に住んでいるとすれば、担当営業マンは、販売状況の報告に際して気軽に直接訪問することができます。メールや電話による報告より、よりきめの細かい報告を受けられるだけでなく、その後の販売戦略についてスムーズな意思確認ができ、これまた成約につながりやすくなります。

また、あなたの依頼した物件がすでに空き家になっている場合、買受希望者の案内前に営業マンが室内の清掃をしたり、空気の入れ替えをしたりした方が第一印象は当然よくなります。物件が会社に近ければ、担当営業マンも事前にチェックし内見に備えることもできますが、物件が遠い場合はチェックを怠ることもあるでしょう。やはり成約率に差が出てくることもあります。

02

こんな会社なら安心

不動産会社の善し悪しは媒介契約を結ぶまでに判断

インターネットや新聞の折り込みチラシなどで、あなたの不動産の売却を依頼する不動産会社を絞り込んだら、実際にその不動産会社の営業担当者と面談し、具体的に売却の話を進めることになります。この段階では、まだ媒介契約を交わしているわけではありませんから、もしその不動産会社に不満があれば、別の不動産会社を選ぶこともできます。ただ媒介契約を結んで具体的な売却に向けて走り出すと、その契約を破棄し別の不動産会社と改めて媒介契約を結ぶのは難しくなりますから、それまでに不動産会社や担当営業マンとの相性まで含めてよく考えてみる必要があります。

すぐに媒介契約の話を持ち出す会社は避ける

では媒介契約の締結に向けて、どんな点に注意して話を進めていけばいいでしょうか。
まず面談の最初から媒介契約の話を持ち出し「すぐに売り出しましょう」と一方的に話

を進めていくような不動産会社は避けた方がいいかもしれません。

第1章であなたの不動産の売却条件を明確にするために以下の点を書き出してみようと提案しています。

①不動産の所在
②所有者名
③売却する不動産の種類（土地・戸建ての建物・マンションなど）
④売却する理由
⑤売却時期（現金が必要な時期）
⑥売却価格
⑦不動産会社に伝えておきたいこと（近隣に売却を知られたくないなど）

不動産会社の担当営業マンとはじめて面談する際には、ここでまとめたメモなどをもとに、じっくりとあなたがこの不動産を売り出すことになった事情を話してみることが大切です。

「それは書面であとから出してもらいますから」とか「まず売出の時期について相談しま

しょう」などと言って、あなたの話をさえぎるようなら別の不動産会社に売却を依頼することにした方がいいでしょう。

お客様のことを第一に考えてくれる不動産会社を選ぶ

こうした会社はこれ以降のいろいろな場面でも売主であるあなたの事情よりも、不動産会社や担当営業マンの事情を優先してしまうことになるのは明らかです。「すぐに売りましょう」ではなくて、お客様であるあなたのペースに合わせて動いてくれる会社かどうか。さらに言えば、何をおいてもお客様のことを第一に考えてくれる不動産会社かどうか。これが不動産会社を選ぶ際にまず判断すべき点です。

とくに売却時期についてはじっくり相談にのってくれる不動産会社を選ぶことが重要です。

不動産会社の営業マンは販売のプロなので、媒介契約を交わしてすぐに売り出しましょうという話になりがちですが、お客様であるあなたにとっては、不動産の売却ははじめての経験であることが多いはずです。ですから売却の依頼人であるあなたの意向をじっくり聞いて、不動産会社がそれに合わせてくれるのは当然のことです。まれに、その不動産会社の決算期が近く、それに合わせて契約を早く進めたいなど、会社の都合で売却時期を早めるように誘導するケースがありますから、そんな不動産会社は避けた方がいいのです。

■適切な売却戦略を提案してくれる会社

あなたがご自分の所有する不動産を売却しようと決めた背景には、いろいろな事情があるはずです。

たとえば勤め先から遠方に転勤を命じられ、それが長期間に渡るため住んでいる家を売却し転勤先で買い替える。親の介護のため同居することになり、いま住んでいる家を売却することにした。あるいは子どもが成長し現在のマンションでは手狭になったので、一戸建てを購入して移ることにした。

そこにはそれぞれの家庭の事情があり、そこからはそれぞれ異なる売却ストーリーが生まれてきます。その売却ストーリーに合わせて適切な売却戦略を提案してくれる不動産会社こそ、あなたが売却を依頼するのにふさわしいといえます。

とくに買い替えを含む売却ストーリーが予想されるケースでは、売りと買いのタイミングの調整が難しいので、売主の事情を詳しく聞いて、それに合った売却計画をたて、それをきっちりと実現してくれる会社でないと困ります。

■買い替えの際は自社で買い取る会社も選択肢に

買い替えの際は後に4章で述べるように売り先行で行くのか、買い先行で行くのかでスケジュールや売出価格の判断が難しいのですが、最終的にはその不動産会社が自社で買い取ってくれると安心です。

新しい住居を購入し、次いで現在住んでいる住居を売却する場合（買い先行）、新居の住宅ローンが承認されるには、旧居の住宅ローンによる抵当権が抹消される必要があります。つまり旧居が確実に売却され、その代金で住宅ローンの残債がなくなることが条件になるわけです。もし期限までに旧居が売却できなければ新居の購入も流れてしまうことになります。こんな場合に売却を依頼した不動産会社が買取をしてくれることがはっきりしていれば安心して買い先行で買い替えを進められるというわけです。

ただ大手の会社は、こんなケースでは自社で買取してくれないケースが多いので注意が必要です。大手の場合、こんなケースでは買取専門の会社を紹介する（媒介）という手法をとることが多いのです。当然、仲介料がかかってきます。買い替えを短期間でスムーズに行いたい場合は、媒介から買取へと柔軟に対応してくれる会社を選ぶというのも選択肢に入ってきます。

■やはり「販売力」のある会社が有利

少しでも「高く」「早く」売るという観点からすると、何と言っても「販売力」がある会社に依頼することが重要です。

この際、「販売力」を何によって評価するかが問われます。それをまとめてみるとつぎのようになります。

①複数の不動産ポータルサイトに物件を掲載している
②自社のホームページがある
③営業エリアの新聞にチラシを定期的に入れている
④営業エリアに多くの看板を設置している
⑤定期的にオープンハウスやオープンルーム（現地販売会）を開催している

こうした広告・販売活動を行っている不動産会社には、購入希望者から多くの問い合わせがあり、直接、購入希望者が来店することもあります。そのため購入希望者の細部の情報が豊富にストックされています。したがってあなたが売却依頼をすると同時に、こうした購入希望者とのマッチングが行われ、売却条件にもよりますが、売却依頼（媒介契約の締結）をしてからすぐに買主が決まることも少なくないのです。

03

媒介契約には3つの種類がある

あなたと不動産会社の約束を書類にしたのが媒介契約書

あなたが所有する不動産の売却を依頼する不動産会社が決まったら契約を結んで売却活動をしてもらうことになります。これを媒介契約といいます。ここまでは1章でも触れましたが、この媒介契約には3つの種類があって、いくつもの異なる点があります。ここではまずその違いと注意すべき点について詳しく解説していきます。

媒介契約書とは多くの場合、以下の6つの点について不動産の売主であるあなたと、その不動産の販売活動を依頼された不動産会社との間で取り決めた約束を書類にしたもののことをいいます。

①媒介契約の種類（一般・専任・専属専任）
②指定流通機構（レインズ）への登録
③売主への業務報告

④媒介契約の有効期間
⑤報酬
⑥違約金や費用の請求

一般媒介契約、専任媒介契約、専属専任媒介契約の3種類がある

媒介契約にはつぎの3つの種類があります。

①一般媒介契約

一般媒介契約は、売主が複数の不動産会社に売却を依頼できる媒介契約のことです。さらに一般媒介契約には「明示型」と「非明示型」があります。売主がどの会社に依頼したのかを明示する義務があるものを「明示型」といいます。明示する義務がないのが「非明示型」で、どちらかを選択することができます。また一般媒介契約では、売主であるあなたは自分で買主を探し売買契約を結ぶこともできます。

②専任媒介契約

専任媒介契約では、売主はあらかじめ媒介契約を結んだ不動産会社以外に、ほかの不動

産会社と媒介契約を結ぶことができません。また、一般媒介契約と同じく自分で買主を探して媒介契約を結ぶことは可能です。

③専属専任媒介契約

専属専任媒介契約とは、売主が、ほかの不動産会社との間で重ねて媒介契約をすることができない点は専任媒介契約と同じですが、売主は依頼した不動産会社が紹介した買主以外とは取引できないのが特徴です。ご自分で探した買主と契約する場合も、契約した不動産会社が仲介した形にし、仲介手数料を支払う義務が生じます。

■複数の不動産会社と媒介契約を結べるか

この3つの媒介契約はどこがどう違うのでしょうか。以下の5点について改めて見てみましょう。

①複数の不動産会社と媒介契約を結べるか
②売主が買主を見つけてもいいか
③指定流通機構（レインズ）への登録義務があるか

④不動産会社の売主への業務報告の義務があるか
⑤契約の有効期間はあるか

まず「①複数の不動産会社と媒介契約を結べるか」について見てみましょう。

一般媒介契約（以下「一般」）では、あなたが複数の不動産会社との間に自由に契約を結ぶことができます。

それに対して専任媒介契約（以下「専任」）と専属専任媒介契約（以下「専属専任」）では、複数の不動産会社との間に契約を結ぶことはできません。

たくさんの不動産会社に販売活動を任せることができる「一般」の方が「早く」「高く」売れると考える人もいる一方で、後述するように「一般」には、売主であるあなたに対して業務報告をする必要がないので積極的に動いてくれない恐れもあります。

■売主が買主を見つけてもいいか

つぎに「②売主が買主を見つけてもいいか」についてです。

「一般」と「専任」では、あなたがご自分の交友関係などを利用して買主を探すことを許容する契約になっています。

「専属専任」は売主であるあなたが買主を見つけることを認めていません。あなたが買主を探してきた場合も専属専任媒介契約を結んだ不動産会社を仲介会社とすることが求められ、仲介手数料も支払う必要があります。

注意したいのは、仮にあなたが買主を探したとしても、不動産会社の仲介がなければ、ほとんどの場合、銀行ローンが承認されない点です。不動産の購入はたいてい住宅ローンが前提になりますから、あなたが見つけてきた人が現金で一括払いでもしてくれない限り、不動産会社に仲介印を押してもらうことになります。当然、仲介手数料は発生することになります。

■指定流通機構（レインズ）への登録義務があるか

つぎは「③指定流通機構（レインズ）への登録義務があるか」について。

あなたと媒介契約を結んだ不動産会社は、自社が抱えている顧客への告知をはじめ、自社のホームページや不動産ポータルサイトにあなたから依頼された物件を掲載するなど、販売活動を展開します。とはいえ自社だけで買主を見つけるには限界があるので、広くほかの不動産会社にもあなたの物件が売却されていることを知らせるために「指定流通機構（レインズ）」に登録します。

このレインズへの登録が「一般」では義務付けられていません。これに対して「専任」は契約締結日の翌日から7営業日以内に登録することが義務付けられています。「専属専任」はさらに早く、契約締結日の翌日から5営業日以内に登録することが義務付けられています。

不動産会社は、指定流通機構（レインズ）に物件情報を登録したときは、速やかに登録済証を売主に交付することになっています。またあなたの物件が確実にレインズに登録されているかどうかは、ステータス管理という機能によって直接確認できます。

■不動産会社の売主への業務報告の義務があるか

「④不動産会社の売主への業務報告の義務があるか」について。

3つの媒介契約のうち、どれを選ぶかを考える際に、この業務報告の有無は重要なポイントになります。

業務報告とは、自社のホームページや不動産ポータルサイト、新聞折り込みチラシなどでどのような販売活動を行ったか、その反響はどうだったか、購入希望者が現れたか、などを詳しく報告し、売却見込み客の有無なども分析した上で、今後の販売戦略を詳しく提案するものです。

こうした業務報告が「専任」は2週間に1回以上、「専属専任」では1週間に1回以上行うことが義務付けられています。これに対して「一般の場合」はとくに定めはありません。

報告の形式は国土交通省が定めた「標準約款」では文書または電子メールで行うように推奨されていますが、法律（宅地建物取引業法）では口頭による報告でも可能とされています。

不動産会社にとっては業務報告を義務付けられているのは、売主のあなたが考える以上にプレッシャーになると言えます。不動産会社としても「専任」あるいは「専属専任」で契約した以上、本腰を入れざるを得ないというのが本音のようです。

■ 契約の有効期間はあるか

「⑤契約の有効期間はあるか」について。

「一般」の場合は法律（宅地建物取引業法）では規定がありませんが、「標準約款」では、契約の有効期間は3カ月以内とされています。

「専任」「専属専任」の場合は法律でも「標準約款」でも3カ月以内と規定されています。

契約の更新については、「標準約款」では、売主から申し出があれば可能で、自動更新はできないという規定になっていますから、もし3カ月たっても売れなければ、別の不動産会社との契約を考えてみるのもいいでしょう（法律では「一般のみ」自動更新が可能）。更新後の有効期間は3カ月以内と定められています。

■契約に違反すると違約金が請求される

ここまで説明した各媒介契約に売主であるあなたが違反するとどうなるかについても説明しておきましょう。

結論から言えば不動産会社から違約金やそれまで販売活動でかかった費用が請求されることになります。

たとえば売主であるあなたが「専属」または「専属専任」で契約したにもかかわらず、他社と売買契約を締結した場合は、不動産会社から仲介手数料に相当する違約金の支払いを請求されます。

あるいは「専属専任」で契約したにもかかわらずあなたが自分で探した買主と売買契約を締結した場合も仲介手数料に相当する違約金が請求されます。

また「専属専任」の有効期間中にあなたが不動産会社の責任によらない理由によって契約が解除した場合は、不動産会社は依頼主であるあなたに仲介手数料の範囲内で以下の費用を請求できる場合があるので注意が必要です。

現地調査費用（交通費や写真代など）
権利関係調査費用（交通費や謄本代など）
販売活動費用（広告費、通信費、現地案内の交通費など）
契約交渉費用（交通費など）

また「一般」で売買契約をした場合、その事実をほかの契約相手方の不動産会社に知らせないと、売買契約成立後に善意で行った事務処理費用を請求できるので注意が必要です。

どれを選ぶかはあなた次第だが

3種類ある媒介契約のうちどのタイプで契約するかは、売主が自由に決めることができます。

どれを選ぶかはあなた次第ですが、多くの場合「専任」や「専属専任」が選択されているようです。この場合、1社にしか依頼できないことから不動産会社に課せられた義務は重く、それがスムーズな売却に結びつくと考えられているようです。

不動産会社側から見れば、売買契約に直結する「専任」または「専属専任」が有利なのでどちらかでの契約を勧めてきます。

「専任」と「専属専任」のどちらを選ぶかで迷ったときは、つぎの点について考えてみましょう。なるべく細かい業務報告がほしい人は1週間一度以上の報告を義務付けられている「専属専任」を選ぶといいでしょう。逆にいったん任せたら細かな報告はいらないというタイプなら、報告は2週間に一度でいい「専任」を選ぶといいでしょう。

一方、「一般」の場合は、違約金のところでも触れたように、契約した各社に売主であるあなた自身がさまざまな事務連絡、たとえば売却価格の変更などをする義務が生じますから、忙しい人が選択するのは現実的とはいえません。

また先にも触れたように一度にたくさんの不動産会社に販売活動を任せることができる「一般」の方が「早く」「高く」売れると考える人もいるようですが、業務報告義務のないことでも分かるように不動産会社から見た場合、「一般」で受けた物件に対する「売らなければ」という責任感は、どうしても低くなりがちです。

■「専属専任」は囲い込みというデメリットもある

では「専任」や「専属専任」なら問題はないかというと、そうとは言い切れないところが媒介契約選びの難しいところです。

とくに契約した不動産会社が買主を独占的に探すことになる「専属専任」では、以前から「囲い込み」が問題になっています。

これは、売主であるあなたから売却依頼を受けた物件の情報を、その不動産会社が、ほかの不動産会社に公開せず、自社が抱えている顧客の中だけで売主を見つけようとすることから起こります。

不動産の売買では売主と買主の双方から仲介手数料を受け取ることが許されています。つまり売主と買主の両方を自社で見つければ仲介手数料は2倍になる計算です。これを不動産業界では「両手」とか「両手取引」と呼んでいます。

あなたから依頼された物件の情報を他社に公開し、他社が買主を見つけてきたら、仲介手数料は売主の分だけになってしまいます（これを片手あるいは片手取引といいます）。

これを避けるために故意にあなたの不動産の情報を囲い込むのです。

この「囲い込み」は売主であるあなたの利益を損なう許されない行為です。

囲い込みはあなたの利益を損なう

囲い込みは、まずあなたの「時間の利益」を損ないます。

あなたが契約した会社が売却条件に合う「買主候補」を顧客の中に持っていれば問題はありませんが、そうでなければ自社のネットワークの中だけで探すことになるので、他社に情報を積極的に公開した場合より売主を探すのに時間がかかることは目に見えています。

さらに囲い込みは、さらにあなたの「価格の利益」をも損ないます。

囲い込むことによって多くの不動産会社に情報が公開されない場合、市場原理が働かないため、売出価格がほんとうに適正なものであるか判断しにくくなります。本来であれば他社が見つけてきた「買主候補」から指し値（価格交渉）が入ったりして売出価格を変更すべきタイミングであったにもかかわらず、囲い込みをしたためにそれが分からず「高値」のまま売れ残ってしまうということが起こるのです。

売出価格変更のタイミングを一度逃してしまうと、値引きしても売れないという悪循環に陥りがちです。

これもあなたが契約した会社が抱えている「買主候補」の中に、あなたが決めた売出価格で買いたいという人がいれば問題はありませんが、そうでなければスムーズな売却につながらないため、あなたの利益を損なうのです。

■レインズのステータス管理で「商談中」なら要注意

囲い込みは、だれでも知っているような大手不動産会社でも行われているので注意が必要です。すでに契約期間である3カ月が過ぎようとしているのに売却できないような場合は囲い込みを疑ってみてもいいかもしれません。

あなたの依頼した物件が囲い込みされているかどうか判断するのはなかなか難しいのですが、先に紹介したレインズ（指定流通機構）のステータス管理機能を使ってチェックする方法があります。

以前は悪質な業者が義務付けられたレインズへの登録をしなかったり、登録後すぐに抹消したりするケースもありました。それを防ぐため2016年1月からレインズに「ステータス管理」という機能が加わりました。レインズは、原則として宅地建物取引業者しか利用することができませんが、宅地建物取引業者との間で専任媒介契約または専属専任媒介契約を結んだ売主は、レインズの登録証明書に記載されている専用のIDとパスワードを使って自分物件の登録状況を確認できるようになったのです。そこにはあなたが依頼した物件の取引状況として以下の3つの状況（ステータス）が明示されるようになっています。

①「公開中」

②「書面による購入申し込みあり」
③「売主の都合により紹介停止中」

①「公開中」であれば、ほかの不動産会社はいつでもこの物件を紹介してもらうことができますから、囲い込みはないと判断できます。もし②か③である場合は、依頼した不動産会社の担当営業マンに確認してみましょう。あなたから紹介停止を頼んだ覚えがなかったり、業務報告では買受希望者はないという返事だったりした場合は、囲い込みを疑ってみる必要があるかもしれません。

04 担当営業マンの人柄や能力の見極めも大切

■社員教育が充実しているのは大手の不動産会社

ここまで、あなたがお持ちの不動産を売却する場合に、どんな不動産会社を選ぶとよいかを考えてきました。会社選びも重要ですが、あなたが実際に不動産の売却を託し、短くても3カ月、長い場合は1年ほどの時間をともにしていくのは不動産会社の担当営業マンです。その担当営業マンの人柄や能力を見極めることも売却を成功させる上では欠かせません。

社員の能力を育てるという意味で、社員教育の有無は重要です。その点で言うと大手の不動産会社は定期的な社員教育を行っており、コンプライアンス（法律を遵守する）意識や不動産を売却するための知識やスキル、顧客対応などのビジネススキルなどを、常に向上させるように努力しています。もちろん中小の不動産会社の中にもフランチャイズチェーンに加盟するなどして大手と同じような社員教育システムを持っているところもあります。

こうした社員教育の行き届いた不動産会社の営業マンは、しっかりとしたビジネスマナーを身につけているのでお客様への応対にもそつがなく、最初に不動産会社を訪ね売却依頼をする際にも不快な思いをすることも少ないでしょう。

■未熟な人や不慣れな人が多いのも大手の不動産会社

ただ不動産会社の規模が大きいほど不動産販売の営業マンとしては、まだまだ未熟な人が担当になるケースも少なくないので注意が必要です。中には不動産の基本的な知識を身につけないまま顧客の対応に当たる場合もあります。

また大手になると銀行などと同じように定期的な転勤がありますから、地域のことがさっぱり分からない営業担当に出くわしてしまうこともあるかもしれません。

さらに大きな企業グループ内では、まったく不動産とは畑違いの部署から「転属」してきたばかりの人が営業担当になることがあります。年格好からしてもベテランに見えるし、ビジネスマナーもしっかりしている。それなのに肝心の不動産売却の話になると、どうも要領を得ない。そんな営業マンに巡り会ったときは、こうしたケースかもしれません。

やはり大手不動産会社の社員だからといって頭から信用するのは考えものです。やはり人柄や能力を一人ひとり見極めていくことが大切です。

■専門知識に裏打ちされた情報を伝えることができるか

たとえば不動産の専門知識についても、それを知っていればいいというものではありません。不動産のプロである営業マンに求められるのは、その専門知識をかみ砕いて分かりやすく伝える能力です。

たとえばあなたが売却を依頼する不動産がマンションや一戸建てだった場合、ある程度築年が古い物件であれば、リノベーションやリフォームを考えている買主が多いことが予想されます。そんな物件を担当する営業マンには、リノベーションやリフォームの知識が求められます。もちろん実際のリノベーションやリフォームは専門の設計スタッフが担当するわけですが、販売の際に買主としては、どの程度のリノベーションやリフォームがどのくらいの予算でできるものか知りたいと思うのは当然でしょう。ですからあなたが担当する営業マンにリノベーションやリフォームの話を振ってみて、どういうリアクションが返ってくるかはチェックしておくことです。

たとえばあなたが売却を依頼する不動産が土地だとしたら、そこにどんな建物を建てたらいいのか、あるいは建てられるのか、買主に具体的なイメージを持ってもらえるようなトークができない営業マンにその物件を託すのは考えものです。

土地には地域によってさまざまな法律の網がかけられており、建物を建てる際に用途が制限される場合があります。また地形によっては、土地の造成が義務付けられている場合もあります。そうした用途の制限や造成にかかる費用の多寡を買主に分かりやすく、しかも正確に伝える能力も求められます。生半可な知識をもとに用途の制限や造成の義務について説明すると、「余分な費用がかかりそう」と、買主がその土地を敬遠してしまうことがあるからです。

具体的な資料を示すことができるか

最近では多くの不動産会社が依頼された不動産の価格査定をする際に専用の査定プログラムを利用しています。ですから査定書には詳細な過去の販売データが査定の根拠として添付されるようになりました。その結果、以前のようにデータを無視した高値の査定をするような不動産会社は影を潜めました。

しかし実際に販売する場面となると、データを示さず、言葉だけで伝えようとする営業マンが、まだまだ少なくありません。買主が売出価格について「この価格は相場ですか」とたずねられたとき、「相場ですよ」と答えるのでは十分ではありません。

なぜそれが「相場」といえるのか。過去の販売データなどを分かりやすく会話の中に織り込みながら説明できるスキルが必要です。

こうしたスキルがその営業マンにあるかどうかは、査定の報告を受けるときに確認することができます。売主であるあなたが担当営業マンに「これは相場なの?」という疑問を投げかけてみればいいのです。

信頼できる営業マンならしっかりと査定書とその添付資料を読み込んでいて、その内容をより分かりやすく説明してくれるでしょう。もし答えが抽象的だったり「査定書を読めば分かるでしょ」という態度が見えたりするようなら、その営業マンに任せるのはやめた方がいいかもしれません。

■業務報告を密にしてくれるか

媒介契約をどう選ぶかのところでも触れましたが、媒介契約を結んだあとの業務報告をどのようにしてほしいかは、売主によってさまざまです。担当営業マンを信用して全部任すというタイプもあれば、できれば毎日報告してほしいというタイプもあるでしょう。

とはいえ「全部任す」と言われたからといって買主が現れるまで何も連絡しないというのは論外でしょう。やはり契約を結んだビジネスである以上「報告・連絡・相談」のいわゆるホウレンソウを確実に行い、依頼人であるあなたとの間に密なコミュニケーションをとってくれる営業マンでないと困ります。

不動産の売却は売主と担当営業マンの共同作業です。営業担当者が何もしなければ販売活動が前に進まないのはもちろんですが、売主であるあなたも営業マンに任せきりにするのではなく、電話、メール、SNSなどを使い分けて業務報告を密に受け、その時々の販売状況に合わせて販売戦略を練り直せるような関係をつくっていく必要があります。

■営業マンとの相性も大事

最終的には、あなたを担当することになった不動産会社の営業マンとあなたとの相性がどうか、それをあなたがどう判断するかが重要だといえます。

先にも触れたように不動産の売却には、早くて3カ月、長い場合には1年以上の時間がかかります。その間、担当の営業マンとはさまざまな場面で直接顔を合わせたり電話で話したりするわけです。もしも相性が悪いと、互いに辛くなってきます。

相手の営業マンが能力も高くビジネスマンとして十分優秀だと分かっていても、どうにもウマが合わないということはあり得ます。そういう場合にサービスを受ける側であるあなたが我慢することはありません。メールなどで、はっきりと、しかし丁寧にその旨を伝えた方がいいでしょう。

また担当になった営業マンの人柄に問題があったり能力が欠けていたりした場合には、その不動産会社と媒介契約を結ぶのはやめ、ほかの不動産会社ともう一度媒介契約に向けた話をするのがいいでしょう。

その際もメールなどで丁寧にその旨を伝えることを忘れないでください。現在では不動産ポータルサイトがこれだけ普及していますから、あなたが他社からその物件を売り出したことはすぐに分かります。

またあなたがお住まいの場所に近い不動産会社を選んだような場合、担当営業マンも近所に住んでいることが少なくありません。近くのスーパーでばったり会ったり、子どもの学校の運動会で同じ父兄として顔を合わせたりするなんてこともあるかもしれません。そのとき笑って挨拶できるような関係は維持しておくべきです。

媒介契約をあなたから解除する場合の注意点

問題は、その不動産会社と「専任」あるいは「専属専任」の媒介契約を結んだあとで、その不動産会社や担当営業マンを替えたいと思った場合です。

不動産会社選びや担当営業マンとの相性判断は媒介契約をする前にするのが原則です。数社に査定を依頼したとしても、その中から1社を選んで専任あるいは専属専任媒介契約を結んで問題がないように、たとえ媒介契約を結ぶ方向で話が進んでいたとしても、ここに書いてきたようなさまざまな理由で、その不動産会社に売却を任せたくないとあなたが思えば、話を白紙に戻し、ほかの不動産会社と媒介契約を結んでも問題はありません。

またあなたが一般媒介契約を結んでいるのであれば、そもそも複数の不動産会社と契約を結ぶことが認められているので、これも問題はありません。

しかし専任あるいは専属専任媒介契約を結んでしまったあとで、その会社との媒介契約を破棄しようとする際は注意が必要です。

もっとも、ここまで解説してきたような観点からあなたが不動産会社を替えたいと判断したのであれば、その事情を率直に伝えればいいでしょう。良心的な不動産会社であれば、あなたからの申し出を謙虚に受けとめ、媒介契約の破棄を了承してくれるのが普通です。

ただし、その不動産会社がすでに購入希望者を見つけてきて売却契約に向けて話が進んでいるような場合は、話がこじれるかもしれません。

あなたがご自分の不動産の売却を急がないのであれば、もっとも穏便な解決法は、3カ月以内と決められた契約の有効期間が過ぎるのを待つことです。その後は問題となった不動産会社との契約を更新せず、ほかの不動産会社を探して新たな媒介契約を結ぶのです。

CHAPTER 3

売却の前に用意しておくもの、
やっておくこと

あなたの所有する不動産を売却する際のパートナーとなる不動産会社を決めたら媒介契約を結びますが、その際にはさまざまな書類が必要になります。また売却価格を決めて実際に売却活動をはじめるまでには、やっておくこと、決めておくこともいろいろあります。さらに買主が見つかり売買契約を結び物件の引き渡しと代金の決済を行うまでに必要な書類もあります。

これらを以下にまとめてみました。

01 媒介契約の際に必ず必要な書類はこれ

■登記済権利証（登記識別情報通知）

必要な場面：媒介契約、売買契約時、引き渡し時

あなたの所有する不動産を売却する際に、もっとも重要な書類となるのが、この登記済権利証（登記識別情報通知）です。

いずれもあなたがその不動産の所有権を取得し、その登記が完了したことを証明するために法務局から発行される書類で「権利証」とも呼ばれています。

仲介会社と媒介契約を結ぶ際には、あなた（販売活動の依頼主）が間違いなくその不動産の所有者であることを証明するため不動産会社に提示します。買主が見つかり売買契約が結ばれる際には、同じ意味で買主にもこの「権利証」を提示することが必要になります。

司法書士を通じて代金の決済と物件の引き渡しが行われたあとには、それまであなたの所有だった不動産を買主名義に変更する手続き（所有権移転登記）が必要になります。そのため引き渡し時には所有権移転登記を代行してくれる司法書士に「権利証」を預けることになります。

登記済権利証と登記識別情報通知は、不動産の売却においては、まったく同じ効力を持つ書類です。ただし2005年3月7日以降は、法改正によって、登記済権利証に代わって登記識別情報通知が導入されています。これは登記のオンライン化の流れに沿うもので、登記名義人には12桁の符号（パスワード）が記された通知書が送付され、この符号から本人確認を行うようになりました。

登記済権利証は、この権利証自体が直接手続きに使われることを見ても分かるように、この書面自体に効力があります。これに対して、登記識別情報はパスワードに効力があり、登記識別情報通知の紙自体には特別な効力はないのが大きな違いです。

このように登記識別情報通知が導入されたとはいえ、登記済権利証の効力が失われたわけではありませんから、あなたの所有する不動産について登記識別情報通知がなくても、登記済権利証があれば、何の問題もありません。登記識別情報通知の制度が導入されても、従来の登記済権利証が無効になったわけではありませんから、くれぐれも誤解のないようにしてください。

問題なのは登記済権利証、登記識別情報のいずれもがない場合です。不動産会社と媒介契約を結ぶ際に紛失に気がついた場合は、不動産会社にその旨を伝えて対応策を相談し、紛失にともなう手続きを進めてください。手続きには費用と時間が必要ですが、紛失したことによって売却手続きができなくなるようなことはないので安心してください。

■建築確認済証・検査済証（一戸建ての場合）

必要な場面：媒介契約時

あなたが売却しようとしている不動産が一戸建てである場合、その建物が建築基準法に遵守して建てられているかどうかを確認するのにもっとも有効な資料が、この建築確認済証や検査済証です。これらの書類の有り無しは、買い手の付きやすさや売却価格に大きく影響します。そのため媒介契約を結ぶ際に仲介会社から提示を求められることになります。

建築確認済証は、工事前の計画が法律に適合していることを証明する書類で、検査済証は工事の途中や完了時の検査で法律に適合していることを証明する書類です。

建築基準法は、建物の建築等を行うに当たって、工事に着手する前に、建物の設計など、その建築計画が建築基準法の規定に適合しているかどうか建築主事の確認を受けなくてはならないと規定しています。これが「建築確認」です。建築確認業務は、建築主事のほか指定確認検査機関が行うこともできます。

そしてこの建築計画が各種の法律の規定に適合していると確認されたことを証明するのが「建築確認済証」です。これがないと建築物の工事に着工することができませんし、販売広告を出すなどの販売活動も行うことができません。

一方、実際に工事を行った建物が当初の建築計画通りに性能を満たしているかどうかを確認するのが「中間検査」や「完了検査」です。

なお、建築確認は、建築物の計画内容を確認したもので、実際の工事が設計された内容通りに行われているかどうかについては、中間検査や完了検査などで確認されています。

あなたが売却する予定の一戸建てを新築物件として購入している場合には、この建築確認済証や検査済証を購入時に入手しているはずです。もし紛失してしまった場合や、中古として購入し、その際に入手できなかったという場合、再発行はありません。

ただし、建築確認申請時の内容と概要が記載された「建築計画概要書」や、台帳に記載されている内容を証明する「建築確認台帳記載事項証明書」を管轄の役所で発行してもらうことができます。有料になりますが、売却時には、これらが建築確認済証や検査済証の代わりになります。

売却する際は「建築確認済証」があった方が家の信頼度が増しますし、リフォームで増改築する場合も「建築確認済証」が必要です。これがないと構造計算をし直さなくてはならず、余分な時間や費用がかかってしまいます。

■ 間取り図や土地や建物の図面、設備の仕様書など

必要な場面：媒介契約時

あなたから売却を依頼された仲介会社は、あなたの不動産の販売活動をはじめるに当たって、不動産ポータルサイトや住宅情報誌、広告チラシなどに物件情報を掲載して広く購入希望者を募ります。この際、建物の間取り図や土地や建物の図面などがないと買主にイメージが伝わりにくいといえます。また細部の設備仕様が具体的に記された資料がないと、物件のアピールポイントを絞ることもできません。

先に紹介した「レインズ」にも間取り図や建物の配置図などを掲載した方が注目度が

アップする結果につながります。あなたの手元にある間取り図や建物の図面などを不動産会社に提供すれば、迅速により詳しいデータをつくることが可能になります。

また、物件にどのような設備があるのかが分かる詳しい仕様書があると、より買主にアピールすることができるでしょう。リフォームしたばかりの部分や、ほかの物件と差をつけられるポイントを仕様書で強調しておくことです。

間取り図や土地・建物の図面を紛失した場合や、中古で購入したため、そもそも手元にない場合はどうすればいいでしょうか？

マンションの場合はリノベーションをして間取り変更がなければ、ほとんどの管理会社が保管しています。一戸建ての場合は建築した工務店やハウスメーカーに問い合わせるという方法があります。いずれにせよ、まずは仲介を依頼した不動産会社に相談してください。

■境界確認書・地積測量図

必要な場面：媒介契約から引き渡しまでの間

いずれも隣接するほかの土地や道路との境界の位置や土地の面積を証明する書類で、隣地との境界トラブルを未然に防ぐ上で必要となります。1章ですでに詳しく触れたように売主には隣地との境界が確定していない土地は、買主に敬遠され、思ったように売れない恐れがあります。隣地との境界が確定していないと、将来買主と隣地所有者との間で境界を巡るトラブルが起こる心配があるからです。

さらに言えば、境界が確定していない土地は、そもそも正確な面積を算出することができません。正確な面積が分からなければ、土地価格を査定する際にも曖昧なものにならざるを得ません。したがって売出価格も曖昧なものになり、買主から価格の引き下げなどを求められる恐れもあります。

こうした境界が確定されていないことから起こるさまざまなトラブルを回避するため、不動産の売買手続きでは、マンション以外の不動産を売却する際、売主は隣地との境界を確定し、隣地との境界を明示する義務があるとされているのです。

したがって、これらの書類は媒介契約を結ぶ時点ですでに用意してあるのがベストです。しかし代々相続してきた土地などでは、そもそも測量自体が実施されていないケースも少なくなく、測量自体の精度が低いため現況に合わない場合が少なくありません。このような場合は新たに測量することになりますが、書類が整うまでには数カ月かかります。

やはり境界確定は、早めにしておくのがお勧めです。

ただし過去に地積測量図が作成されている場合は法務局に保管されているので取得でき

ます。境界確認書は、隣接するすべての土地所有者と境界線について合意したことを証明する書類で、公的に保管されているわけではありませんから、紛失すると再度境界確認を行う以外に方法はありません。

■身分証明書

必要な場面：媒介契約時、売買契約時、引き渡し時

運転免許証や健康保険証、マイナンバーカードなど、一般的に身分証明書として認められているものが、それぞれの場面で必要となります。媒介契約時には不動産会社に依頼者本人であることを証明するために提示し、売買契約時は買主に、引き渡し時は移転登記を依頼する司法書士に、同様の意図で提示します。

02 媒介契約の際になるべく用意しておきたい書類はこれ

■新築購入時のパンフレットやチラシ広告

あるといい場面：媒介契約時

もしあなたが売却しようとしている不動産が、マンションや一戸建てで、しかもそれを新築で購入したのであれば、手元にその際にマンションや戸建て住宅の販売会社がくれたパンフレットやチラシの類が残っていませんか。

このようなパンフレットやチラシには、あなたがいま売却しようとしている物件の魅力や特長を最大限にアピールする工夫が盛り込まれています。写真やイラスト、表などもたくさん使ってあるはずです。媒介契約時に必ず必要というわけではありませんが、手元に残っていれば、販売活動を展開する際の参考になりますから、仲介会社に渡しておきましょう。

■建築設計図書・工事記録書

あるといい場面：媒介契約時

中古一戸建て住宅を購入する場合、それがどのように建てられたのかを示す書類は多ければ多いほど買主は安心します。先に媒介契約時に必ず用意したい資料として建築確認済証・検査済証を挙げましたが、建築設計図書や工事記録書は、それを補足する資料と説明すれば理解していただけるでしょうか。

建築設計図書は工事のために必要な図面と仕様書のことで、工事記録書は、工事をどのように行ったかを記録したもののことです。

買主が間取り変更をともなうリフォームなどを検討している場合は、非常にありがたい資料といえます。

■耐震診断報告書・アスベスト使用調査報告書

あるといい場面：媒介契約時

あなたが売却しようとしている建物が耐震構造を備えているかどうかを確認し、それをまとめたのが耐震診断報告書です。後に詳しく触れるように日本の建物には新旧ふたつの耐震基準に従って建てられたものがあり、とくに旧耐震基準と呼ばれる基準に従って建てられた建物を売却する場合は、この報告書があった方がスムーズに売却が進みますし、売却したあとのトラブルも回避しやすいと考えられます。

したがってあなたが売却しようとしている建物が新耐震基準導入前の場合は、耐震診断報告書を事前に用意しておいた方がいいかもしれません。

空中に飛散したアスベスト（石綿繊維）を長期間に渡って大量に吸入すると、肺がんなどを引き起こすことが知られています。このアスベストをあなたが売却しようとする建物に使われているかどうかを調査した報告書がアスベスト使用調査報告書です。この報告書によってアスベストが使用されていないことが証明できれば、買主によりアピールできます。

■地盤調査報告書・住宅性能評価書・既存住宅性能評価書

あるといい場面：媒介契約時

これらの報告書や評価書は不動産の売却手続きを進める上で必ず必要なものではありませんが、それぞれ地盤の強度や、住宅の性能について国の基準に沿って第三者が調査・評価したものです。

これらの資料がもし手元にあれば買主にとって安心材料になりますから、仲介会社に提示して販売活動に活かすといいでしょう。

■ローン残高証明書

場合によって必要となる場面：媒介契約時

ローン残高証明書は、融資を受けている金融機関から定期的に送られてくるローン償還表（返済予定表）をもとに、あなたの売却しようとしている不動産のある時点でローン残高を証明するものです。

あなたが売却しようとしている不動産に住宅ローンなどが残っている場合であって、なおかつ売却金額が残債を下回りそうな場合に仲介会社から提出を求められることがあります。

03 販売中に必要な書類はこれ

■管理規約・使用細則（マンションの場合）

必要な場面：販売中

ご存じのようにマンションでは、建物の維持管理や住民同士のトラブル回避などを目的に共用部の使い方など、細部に渡って管理規約や使用細則がまとめられています。この書面を細部に渡って検討することは、購入希望者にとって必ず必要と考えられますから、販売活動を開始する前に、購入希望者が見られる状態にしておいてください。

もし手元に見当たらない場合は、マンションの管理会社が保有しているので、仲介会社を通じてコピーの手配を頼むこともできます。

■重要事項にかかわる調査報告書（マンションの場合）

必要な場面：販売中

買主に対して仲介会社が提示する義務がある重要事項説明書を作成する際に必ず必要な

のがこの重要事項にかかわる調査報告書です。主にマンションの管理費や修繕積立金の回収・運用状態、大規模修繕の実施状況などがまとめられた書類です。マンションの管理会社が作成するものですから、売却する前に手元になくても心配はありません。不動産会社と媒介契約を結んだら不動産会社から管理会社に直接手配してもらいましょう。

■固定資産税・都市計画税納税通知書および納税済証

必要な場面：販売中

不動産の売買では、その不動産に課税される固定資産税と都市計画税を引き渡し時期に応じて売主と買主で按分して負担します。

これらの税額が記載されたものが納税通知書です。毎年、1月1日時点の所有者に対して春頃になると税務署から送られてきます。

通知書は、売主と買主の負担額を算出してもらうために仲介会社に提示します。また納税済証はあなたが納税した額を証明するために必要となります。算出した負担額は重要事項説明書に明記する必要がありますから媒介契約を結んだら早めに不動産会社に提示してください。

04 売買契約時に必要な書類はこれ

■実印と印鑑証明

必要な場面：売買契約時、引き渡し時

不動産会社と媒介契約を結ぶ際は認め印でも大丈夫ですが、買主と正式な売買契約を結ぶ際に押す印鑑は実印である必要があります（必ずではない）。この際に売買契約書に押した印鑑が間違いなく役所に登録したものであることを証明する書類が印鑑証明です。引き渡し時には登記書類にも実印を押します。

印鑑証明は売買契約時には買主に（渡す必要はない。所有者の確認として写しで可）、引き渡し時には司法書士に渡す必要があります。

印鑑証明は市役所などあなたの住民票がある場所で入手しますが、現在ではマイナンバーカードがあれば、コンビニやスーパーなどに設置されている証明書類の自動交付機能が付いた端末でも入手することができます。

なお印鑑証明には3カ月の有効期限がありますから、売買契約を結ぶ日や引き渡しの日が確定してから入手するようにしましょう。

■固定資産評価証明書

必要な場面：売買契約時、引き渡し時

あなたが売却した不動産を買主に引き渡す際には、所有権の移転登記を行う必要があります。移転登記をするには登録免許税がかかりますが、その額を算出するため必要なのが固定資産評価証明書です。その額をあらかじめ算出しておくために、この書類が売買契約時に必要となります。所有権の移転登記は司法書士に依頼するので、引き渡し時には司法書士に渡すことになります。

固定資産評価証明書は不動産の所有者が市町村役場で入手しますが、媒介契約書や売主の委任状があれば、代わりに仲介会社に入手してもらうことも可能です。

05 引き渡し時に必要な書類はこれ

■銀行口座類・通帳

必要な場面：引き渡し時

物件の引き渡し時には、売却額から手付金を差し引いた残額を、指定した口座に振り込んでもらうことになります。

この際、振込先として提示する必要があるので、預金通帳もしくは、金融機関名や支店名、口座種別、口座番号の控えを用意して、複数人で突き合わせ、取り違えが起きないようにしましょう。

■住民票の写しや戸籍附票

必要な場面：引き渡し時

司法書士に所有者の移転登記をしてもらう際に、売却する不動産の所有者として登記記録に掲載されたあなたの住所と、現在のあなたの住所が異なる場合に必要になります。

登記記録に記載された住所からの住所移転（引っ越し）が1回だけという場合は、前の住所が記載されるので住民票の写しがあれば足ります。もし2回以上移転を重ねている場合は戸籍附票が必要になります。

住民票の写しは印鑑証明と同様で、市町村役場で入手できるほか、マイナンバーカードがあればコンビニやスーパーの端末でも入手できます。ただ戸籍附票が必要な場合は、本籍が置いてある市区町村で申請し、入手することになります。現住所と本籍地が遠く離れている場合などは、郵送による請求・取得も可能ですが、時間がかかりますので、余裕をもって申請するようにしましょう。

不動産売却に必要な書類チェックリスト

【必要度合い】【書類種別】【必要となるタイミング】

必須　登記済権利証　媒介契約時・売買契約時・引き渡し時
必須　身分証明書　媒介契約時・売買契約時・引き渡し時
あればベター　間取り図　媒介契約時
あればベター　建築確認済証・検査済証（一戸建ての場合）　媒介契約時
あればベター　地積測量図・境界確認書（土地の場合）　媒介契約から引き渡しまでの間

あればベター　新築購入時のパンフレットやチラシ広告　媒介契約時
あればベター　建築設計図書・工事記録書　媒介契約時
あればベター　耐震診断報告書・アスベスト使用調査報告書　媒介契約時
あればベター　地盤調査報告書・住宅性能評価書・既存住宅性能評価書　媒介契約時
場合による　ローン残高証明書　媒介契約時
必須　管理規約・使用細則（マンションの場合）　販売中
必須　重要事項にかかわる調査報告書　販売中
必須　固定資産税・都市計画税納税通知書　販売中
必須　実印と印鑑証明　売買契約時・引き渡し時
必須　固定資産評価証明書　売買契約時・引き渡し時
場合による　住民票の写しもしくは戸籍附票　引き渡し時
必須　銀行口座種類・通帳　引き渡し時

06 売却費用はどれくらい用意しておけばいいのでしょうか

■もっとも多いのは不動産会社への仲介手数料

媒介（仲介）による不動産の売却には、不動産会社に支払う仲介手数料をはじめとして、税金や登記費用などさまざま費用が発生します。こうした費用は最終的には、あなたの不動産を売却することによって得られたお金の中から支払われることになりますが、費用の中には売却代金の決済前に支払う必要のあるものもあります。

ここでは売却時に必要な費用について解説するとともに、それぞれ支払う時期についても触れています。これを参考にご自分の不動産の売却をはじめるに当たって、どの程度の資金を準備しておけばよいか考えてみましょう。

まず不動産を売却する際にかかる費用に、大きく分けて、つぎのようなものがあります。

①仲介手数料
②印紙税（売買契約書に課税）

③登記費用（抵当権抹消などの費用、司法書士報酬）
④そのほか必要に応じて支払う費用（測量費、解体費、廃棄物処分費など）
⑤引っ越し費用や建物のクリーニング費用など

たとえば３０００万円で家を売却した場合の売却費用をざっとシミュレーションしてみましょう

①仲介手数料１０５万６０００円（不動産会社に支払う手数料）（３０００万円×３％＋６万円＋消費税）
②印紙税１万円（売買契約書作成のために必要）
③抵当権抹消費用約５万円（抵当権の抹消に必要な費用）
④引っ越し費用２回分40万円
合計費用１５１万６０００円

買い替えで２回の引っ越しを余儀なくされたこのケースでは、引っ越し代金が高額になりましたが、通常売却費用の中でもっとも大きな割合を占めるのは不動産会社に支払う仲介手数料です。

■不動産会社に支払う仲介手数料は法律で決められている

すでに1章で触れているように不動産の売却を媒介の形で不動産会社に依頼して行った場合、成功報酬として仲介手数料を支払うことになります。

そこでも触れたように仲介手数料の上限は、法律で以下のように決められています。

●媒介（仲介）手数料＝（売却価格×3％＋6万円）＋消費税（売買価格が400万円を超える場合）

売却を依頼した不動産会社に支払うのが仲介手数料ですが、支払うのは成功報酬としてなので、支払いは媒介契約を結んだときではなく、売却が成立したときに、はじめて支払う必要が生じます。一般的には買主が見つかり売買契約を結んだときに半額を支払い、物件を引き渡したときに残りの半額を支払うということになります。

仲介手数料は成功報酬なので売買が成立しなければ仲介手数料を支払う必要はありません。ただしつぎのような場合には、最終的に売買が成立しなくても仲介手数料を支払う必要が生じます。

まず「手付解除」と呼ばれる事情が生じた場合です。

売買契約が成立したあとに売主あるいは買主の事情によって契約を解除する場合に、これを「手付解除」と呼びます。これが可能な期間（通常は売買契約成立後30日間）中は、理由を問わず、買主は手付金を放棄することで契約を解除できます。また売主は手付金を返還し、さらに手付金と同額を買主に支払うことで契約が解除できます。

このような手付解除が行われた場合、売買は成立していませんが、仲介手数料を支払わなくてはなりません。

もうひとつは「違約解除」と呼ばれる事情が生じた場合です。

売買契約が成立したにもかかわらず、売主か買主かどちらかがこの契約を守らなかったため契約を解除する場合を「違約解除」と呼びます。

違約の内容が売買代金の未払いなど契約違反（債務不履行）であった場合は、相手方が損害賠償の請求を行い、催告しても履行されないと契約を解除できます。

このように違約解除が行われた場合、不動産会社に仲介手数料を支払う必要が生じます。

■ 売買契約書に印紙を貼って納税する

不動産の売却に関係する税金はいろいろありますが、最初に納税が必要となるのが売買契約書に貼る印紙（税）でしょう。

売買契約書に定められた金額の収入印紙を貼り消印を押すことで納税したことになります。売買契約書に貼る印紙の金額（印紙税額）は、契約書に記載された金額、つまり物件の売買価格によって決まります。

●印紙税額　売買価格1000万円超5000万円以下　↓　1万円
●印紙税額　売買価格5000万円超1億円以下　↓　3万円
（印紙税額は2022年3月31日まで軽減措置が実施されている）

売買契約書は売主保管用と買主保管用の2通が作成されるので、2通分の印紙税が必要となります。ただし売主と買主それぞれが1通分ずつ印紙税額を負担するのが普通です。また、仲介会社と売却を依頼する際につくる媒介契約書には印紙税はかからないので、収入印紙を貼る必要はありません。

■住宅ローンの抵当権を抹消する費用が必要

あなたが売却する不動産に住宅ローンなどが残っている場合は、残債をすべて返済するとともに、その住宅ローンにかかわる抵当権を抹消する必要があります。この「抵当権抹消登記」は司法書士に依頼することになりますが、その費用として登録免許税と司法書士への報酬が必要になります。

抵当権抹消登記の場合、登録免許税は登記簿上の不動産ひとつ当たり1000円と決められています。

●抵当権抹消の場合の登録免許税　不動産1件当たり1000円
（不動産が多数ある場合でも上限は2万円）

たとえば通常の一戸建ての建物で土地と建物がそれぞれひとつずつ登記されている場合は1000円×2＝2000円となります。

これに司法書士の報酬を加えると2万円から3万円というのが抵当権抹消登記にかかる費用の相場といえるようです。

なお所有権移転登記、抵当権設定登記を行う際の登録免許税の計算方法は別にありますから注意が必要です。

また不動産を売却した際に所有権を買主に移転する「所有権移転登記」が必要になりますが、この際の登記費用は買主が負担することになりますので売主であるあなたが負担する必要はありません。

■必要に応じて測量費や解体費がかかる

このほか売却する物件によっては、そのほかに費用がかかる場合もあります。なかでも高額になるのが1章ですでに触れた「測量費」です。これは敷地の境界確定が難航して正確な境界確定の前提となる測量が必要になった場合にかかる費用です。最低でも50万円程度はかかるようです。

建物を解体して土地として売却する場合、売主の負担で解体が求められることがあります。また建物に残置物や危険物があった場合にその処分費を負担する必要が出てくることもあります。

またつぎに触れる建物診断（インスペクション）を依頼するにも費用がかかります。

●敷地の測量費　→　50万円～80万円程度
●建物の解体費　→　100万円～300万円程度
●廃棄物の処分費　→　10万円～50万円程度（ゴミ屋敷などは100万を超える場合もあり）。

●建物診断（インスペクション）費用↓5万円から10万円

いずれも定額が決まっているわけではないので、不動産会社に依頼したり、インターネットなどで検索して専門会社を探すなどの方法をとるのがいいでしょう。

07 売却後のトラブル回避のためにやっておくこと

■契約不適合責任と瑕疵担保責任

あなたの不動産をあなたが売主となって売却した際、その不動産に不備や不良などがあった場合には、買主に対して責任を負う義務が生じます。それを「契約不適合責任」といいます。

不動産の売却に際して売主が買主に対して負うこのような責任のことを2020年4月の民法改正（債権法改正）までは、「瑕疵担保責任（かしたんぽせきにん）」と呼んでいました。いずれも不動産の不備や不良が原因となる売却後のトラブルを未然に防ぐために適用されるものです。

不動産を売却しようとしているあなたにもこの法律の精神に則って、売却後のトラブル回避に努めることが求められます。

では具体的にどんなことに留意し、売却前にどんな備えをしておけばよいのでしょうか。その前にまず押さえておきたいのは、従来の瑕疵担保責任から新法の契約不適合責任で、特約による免責の考え方が大きく変わった点です。

従来の瑕疵担保責任では、築年数が古い建物を売るような場合には、売主の瑕疵担保責任を全面的に免責するような文言で特約を結ぶことがよく行われました。現在でも「契約不適合責任は、免責の特約を結べば問題ない」という不動産会社の担当者が少なくありません。

もちろん契約不適合責任も、瑕疵担保責任と同様に特約で免責することは可能です。契約不適合責任も従来の瑕疵担保責任と同じように、当事者間で交わされた特約を有効とする民法の任意規定に該当するものだからです。

まずあなたの不動産の不具合や不良部分を的確に認識することが大切

ただし、契約不適合責任の場合、瑕疵担保責任の全部免責のように一言で済ませることが難しい点に注意が必要です。不具合のある部分についてひとつひとつ契約書に記載し買主に認めてもらった上で、契約不適合責任を免責するという特約を結ぶことが必要になるのです。

たとえば築年数が100年に達するような古民家で雨漏りがしているとすれば、その事実を契約書に掲載し、免責するという内容で合意することが必要です。

古い中古住宅になればなるほど、不具合や不良部分は多岐に渡ります。壁に亀裂が入っている。柱や床が傾いている。シロアリの被害にあっている、など建物の躯体に問題がある場合も少なくありません。

また水道管が錆びていて色の付いた水が出るとか、電灯やコンセントが使えない部屋があるなど、不具合のある部分、壊れている設備などは、ひとつひとつ契約書に盛り込み、買主の確認を求めてはじめて特約としての免責が成立するという考え方です。

したがってあなたの不動産を売却するに当たっては、まずあなたがその不動産の不具合や不良部分を具体的に認識しておくことが何よりも大切です。

繰り返しになりますが、不動産の売主であるあなたは、売買契約書の内容に適合した不動産を、買主に引き渡す義務を負っています。契約不適合責任とは、売却後この契約の内容に適合していないという事実が明らかになったときに、あなたが責任を負わなければならないことを言います。

つまり売主であるあなたが買主に引き渡した不動産が、契約書通りの内容や品質、数量などを備えているかどうかが問われるということです。

隠したままで売却すると売却後にトラブルが

したがって契約不適合責任を問われて売却後、あなたが買主との間でトラブルにならないようにするためにもっとも重要なことは「不具合や不良部分を買主に隠さない」ということです。

あなたの売却しようとしている不動産の不具合や不良部分を認識したら、それをきちんと買受希望者に説明し、納得した上で買ってもらうという姿勢が何よりも大切です。「契約不適合責任」などと聞くと難しそうに思いますが、要は売却後買主が「聞いていたのと違う」あるいは「考えていたのと違う」という違和感を抱かせないようにするということです。

たとえば先に例に挙げた築100年超の古民家を売却する場合です。従来は大雑把に「この家は古いので問題が起きても、すべて免責で」という特約を結んでいたのに対して、契約不適合責任という考え方が導入された現在では、あとになってトラブルが起きないように、ひとつひとつ不具合や不良部分を契約書に盛り込んで、ひとつひとつ免責にしてもらうのが推奨されているということです。

何よりも問題なのは、売主が不具合や不良部分があるのを知っていて、それを買主に隠すことです。これが明らかになった場合は、売主にペナルティーが科されることになります。

不具合や不良部分はインスペクション（建物診断）で把握

ではあなたが売却しようとしている不動産にどんな不具合や不良部分があるか、どうやって見つけたらいいのでしょうか。

これもあまり難しく考える必要はありません。現在あなたがお住まいの不動産を売却しようとする場合なら、どこにどんな不具合があるか、いちばんよく知っているのはあなた自身です。ですから、あなたが現在気づいている不具合や不良部分を、どんな小さな部分でも見逃さず書き出して整理してみればいいのです。

それでも不安なら建物の不具合や不良部分を発見する専門家に頼んでホームインスペクション（建物診断）してもらうという方法があります。

こうした業者に頼むと以下のようなチェックをしてくれます。

●建物の外部
コンクリート部分のクラック等。外壁のシーリング材のひび割れ。屋根や軒裏、バルコニーの状況など
●建物の内部
室内の壁や天井等の雨漏り跡。1階床下の点検。各階の天井点検。床や柱の著しい傾斜の有無など

いまではインターネットで検索すれば専門業者がいくつも見つかりますし、媒介を依頼した不動産会社に紹介してもらうこともできます。費用は5万円から10万円といったところです。

ホームインスペクション（建物診断）の結果報告書があれば買主も安心しますし、売却後のトラブルを抑えてくれる効果もあります。

CHAPTER 4

売出価格は
どう決めればいいでしょうか

売却を任せられる不動産会社と営業マンが見つかり、売却に必要な資料や書類をそろえたら、いよいよあなたの所有する不動産の売却がはじまります。このときだれもが気になるのは「いくらで売り出すか」(売出価格)でしょう。ご自分の不動産を売却するとき、だれもが少しでも高い価格で売れることを願いますが、買う側は逆に少しでも低い価格で買いたいと考えています。そこに虚虚実実の駆け引きが生まれるのです。

01 売出価格を決める前に知っておきたいことはこれ

少しでも高く売りたい心理が招いた悲劇!?

ある不動産会社の担当者がこんな話をしてくれました。

その売主さんは、売却するご自分の家に対する強い思い入れもあって、査定額より高い金額を売出価格に決めました。確かに人気の出そうな物件で、担当者も決して高すぎる売出価格とは判断しなかったそうです。

案の定、すぐにその価格より200万円ほど低い価格(指し値)で買付の依頼がありました。これがもともとの査定金額とほぼ同額、この地域ではほぼ相場といえる金額でした。売り出してすぐに反応が出たことで強気になったのか、売主はその指し値を断わりました。この調子ならどんどん買いたいという申し込みがあるだろうと踏んだのです。ところがその後、ぱったりと反応がなくなり、4カ月ほどがたちました。売れないどころか、問い合わせすらありません。さすがに焦った売主はいったん査定額、つまり最初に買付が入った価格まで下げたのです。

それでも売れません。仕方なくさらに400万円下げました。そこで買付がはいりました。なんとその人は最初に200万円ほど低い価格で買付を入れた人だったのです。

これは悲劇なのか、喜劇なのか。

もし最初に200万円低い指し値に応じていれば、売主は最終的に400万円の損をしなくてもよかったわけです。逆に買主は、相場での買いに拘ることで、最終的に相場より400万円も低い価格で買えたわけです。

この話からどんな教訓を導き出すのかは人によってそれぞれだと思いますが、売出価格を巡って売主、買主、そしてそれぞれをサポートする不動産会社の間で虚虚実実のドラマがあるということはご理解いただけたと思います。

■まずは住宅ローンなど借入金の残債を正確に把握

売出価格を決定するには、このあとで解説するさまざまな要素を考慮する必要がありますが、その前に正確に把握しておきたいことがあります。

それはあなたが売却しようとしている不動産に住宅ローンなど、その不動産を担保とした借入金があるかどうかです。そしてもしあったとすれば、その残債は正確にいくらか、です。

住宅ローンなど、あなたが売却しようとしている不動産を担保にした借入金がある場合、その不動産の登記簿には抵当権が設定されています。その不動産を第三者に売却する際には、その抵当権を抹消しないと、所有権の移転登記をすることができません。つまり残っている借入金を一括で返済しないと、その不動産を売却することはできないことになります。

普通、住宅ローンなどの借入金の残債は、売却によって得られた資金で完済しますから、売出価格は借入金の残債より確実に高い金額である必要があります。

ご両親などから相続した物件であれば住宅ローンが残っているケースは少ないと思いますが、売却理由が、住居の買い替え、資金調達などの場合は、住宅ローンが残っているケースがほとんどだと考えられますから、まずは住宅ローンの残債を正確に把握することが必要なのです。

購入して間もない住宅など、住宅ローンの返済があまり進んでない場合は、査定価格が住宅ローンの残債よりも低く、いわゆるオーバーローンになることがあります。売却理由にもよりますが、こんなケースでは売却を断念するのも、賢明な選択であるといえます。

■売出価格の基準は査定価格

住宅ローンなどの残債がクリアになった場合、売出価格を決める際の基準になるのは、まずは査定価格です。

最近ではインターネットを利用した一括査定サイトを利用する方も増えてきました。ただし不動産会社の中には自社と媒介契約を結んでもらうことを最優先するあまり、現実を無視した高い査定価格を出してくる不動産会社もあるので注意が必要です。このことはすでに第2章で詳しく触れました。

その際にも触れたように査定価格の基準となるのは、あなたが売却したいと考えている物件とよく似た条件を持つ不動産の取引事例（成約事例）です。

不動産の取引事例（成約事例）は、不動産業界で共有されています。代表的なものが先にも触れたレインズと呼ばれるデータベースです。

国土交通大臣から指定を受けた不動産流通機構が運営しているこのコンピューターネットワークシステムは、「Real Estate Information Network System（不動産流通標準情報システム）」の頭文字をとって「REINS＝レインズ」と呼ばれています。

売主の個人情報が多く含まれているこのレインズは、だれでも中身を見られるわけではありません。国土交通大臣や都道府県知事から免許を受けた不動産会社（宅地建物取引業者）だけが閲覧することができます。

あなたがご自分の所有する不動産の査定を申し込むと、不動産会社は、所在地、敷地面積、建物面積、築年、構造などさまざまな要素を入力して、よく似た成約事例を検索します。その検索結果をもとにして、査定を行っていきます。

もとになっているデータベースは同じですから、たとえ複数の不動産会社にあなたの所有する物件の価格査定を依頼しても、飛び抜けて違う価格が出るようなことはあり得ません。したがって査定価格を基準に決める売出価格も不動産会社によって大きく変わるものでないことも頭の隅に置いておいてください。

■ 適正価格とは3カ月で成約できる価格のこと

1章で不動産の売却の流れを解説しました。その中でも触れましたが、不動産の売却には、あなた自身が売主となって不動産会社のサポートを受けて買主を探して売却する方法（媒介・仲介）と、不動産会社に直接買い取ってもらう（買取）の2つの方法がありました。

この章で取り上げている売出価格とは、前者、つまり不動産会社に媒介（仲介）を依頼して売却する場合の価格のことです。

したがって売主はあなた自身ですから、売出価格は売主であるあなたが自由に決めていいのです。逆に言えば、不動産会社が出してくる査定価格は、あくまで売出価格を決めるための参考であって、売出価格は売主であるあなたの責任で決めることになるということです。

もちろん不動産会社には物件を査定するに当たって、より適正価格に近い価格を算出する義務があります。ではここで適正価格とは何か考えてみましょう。

先に触れたレインズの成約データをもとに売却活動の開始から売買契約の締結までの期間を調べてみると、つぎのような結果が得られました。

マンション　→　約72日
一戸建て　→　約89日

土地　→　約96日

この数字からは、平均すると販売活動を開始してから売買契約を締結するまで約3カ月かかっていることが分かります。この3カ月という期間で売却できれば、その不動産の売出価格は適正であったと判断するということです。

このあたりは「なるべく早くなるべく高く売りたい」という売主であるあなたの感覚とは少しズレがあるかもしれません。

売出価格と成約価格の差は一戸建てが大きい

ではつぎに売出価格と成約価格の関係について見てみましょう。売出価格とは不動産会社が出した査定価格（適正価格）を参考に、さまざまな要素を考慮した上で売主が決め、実際に市場で売却しようとした価格のことです。また成約価格とは、最終的に買主が見つかり売買契約を締結した際の価格を言います。

売出価格と成約価格の差を見てみると、おもしろいことが分かります。

売出価格と成約価格の差は、マンションがいちばん少なく、土地、一戸建ての順に大きくなっていくということです。

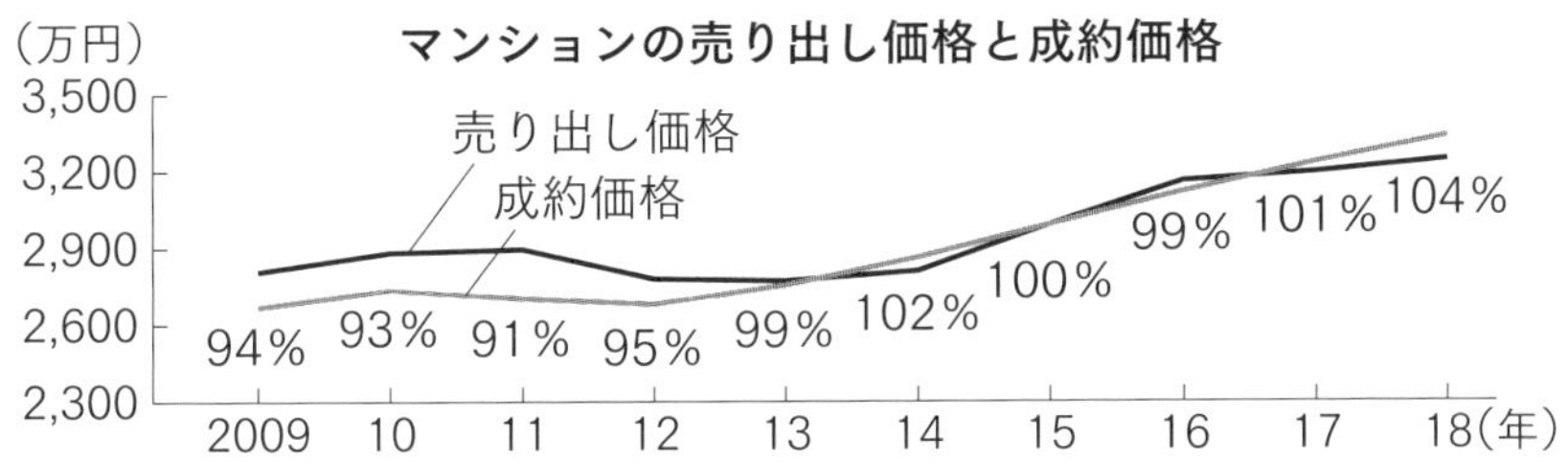
(万円)
マンションの売り出し価格と成約価格
3,500
3,200
2,900
2,600
2,300
売り出し価格
成約価格
94% 93% 91% 95% 99% 102% 100% 99% 101% 104%
2009 10 11 12 13 14 15 16 17 18(年)

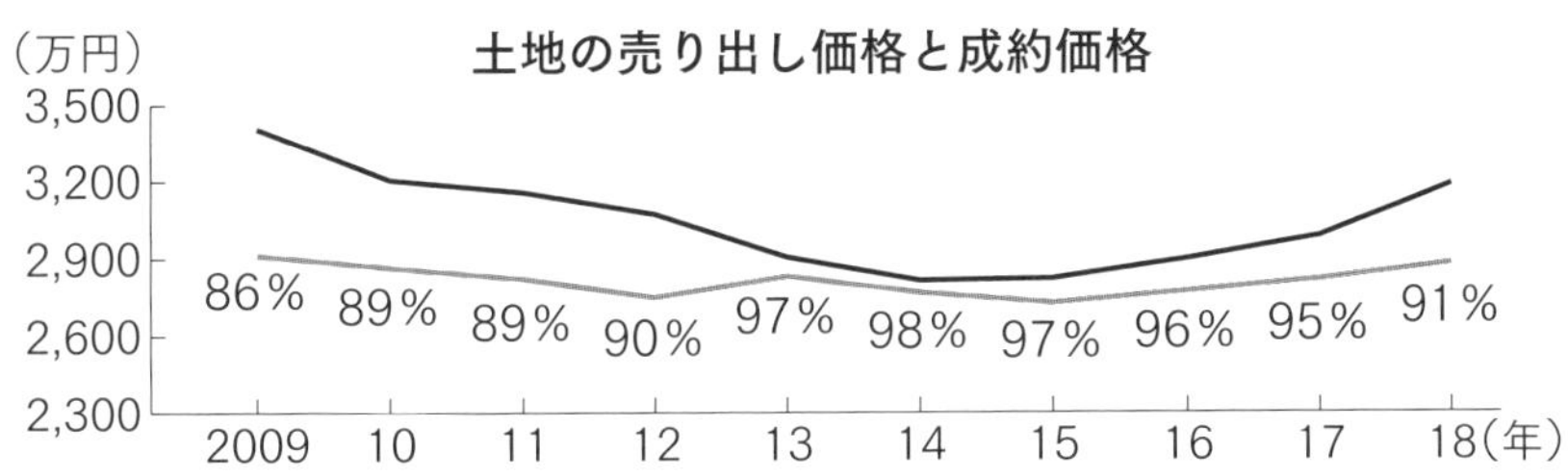
(万円)
土地の売り出し価格と成約価格
3,500
3,200
2,900
2,600
2,300
86% 89% 89% 90% 97% 98% 97% 96% 95% 91%
2009 10 11 12 13 14 15 16 17 18(年)

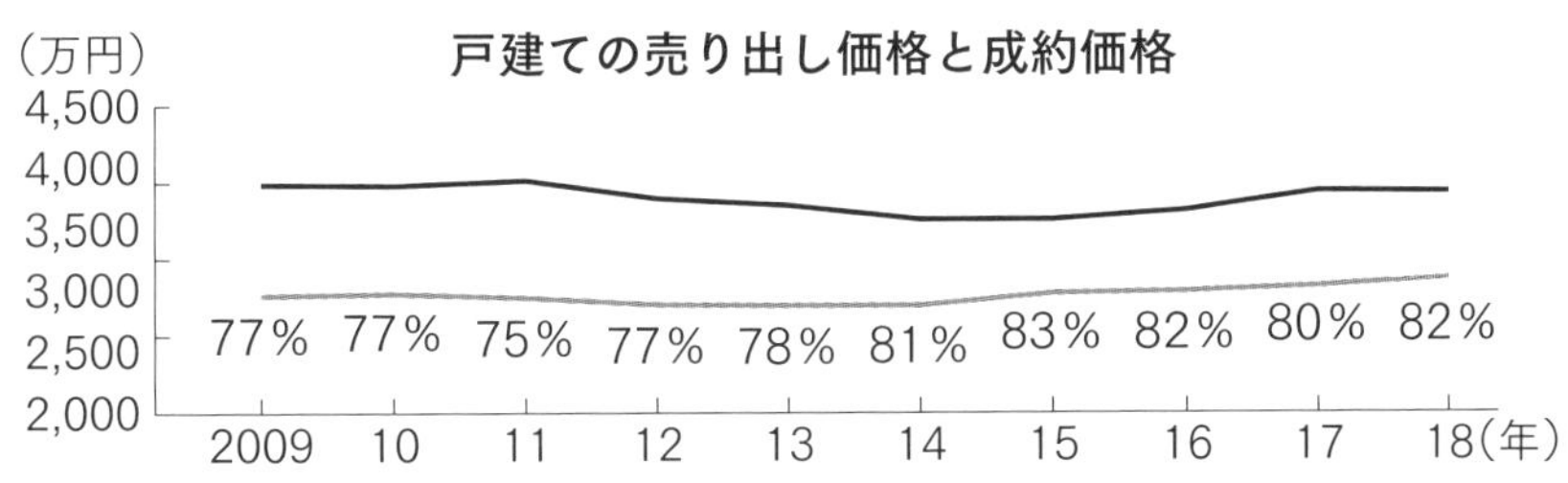
(万円)
戸建ての売り出し価格と成約価格
4,500
4,000
3,500
3,000
2,500
2,000
77% 77% 75% 77% 78% 81% 83% 82% 80% 82%
2009 10 11 12 13 14 15 16 17 18(年)

首都圏のマンション（中古）の売り出し価格と成約価格を2009年から2018年までの10年間の平均で見ると、売出価格が平均2843万円に対して成約価格は平均2787万円となっています。売出価格と成約価格の差は56万円と、ほぼ誤差の範囲です。つまりマンションの場合、ほぼ売出価格で成約していると考えていいということが分かります。

これに対して首都圏の一戸建て（中古）の売出価格と成約価格は同じ10年間の平均をとると、売出価格が平均3786万円であるのに対して成約価格は平均2996万円となっています。一戸建ての場合、売出価格と成約価格の差は790万円もあります。これは売出価格の20％に当たり、成約価格から見ると大きくかけ離れた価格となっています。

因みに首都圏の土地（100～200平米）の売出価格と成約価格は同じ10年間の平均で売出価格が平均3066万円、成約価格が平均2835万円、その差231万円（売出価格の8％弱）となっています。

この数字から分かることは、マンションの売出価格は、売却開始後あまり値引き交渉を受けず、ほぼ売出価格と同価格で売買契約が成立することが多いということです。この背景には、後に触れるようにマンションの場合、不動産会社の査定がかなり正確に出るので、それを基準に売主が売出価格を決めているという事情があると考えていいでしょう。

逆に中古一戸建ての売出価格は個別の修正要因が多くて査定にブレが大きいため、売出価格が高すぎたり安すぎたりしているのだろうと考えられます。

つまりマンションを売却する場合は、不動産会社査定に従って売出価格を決めても問題はないが、一戸建ての場合は、売主が不動産会社の査定価格に拘りすぎてもダメということになるということです。

02 売出価格を決めるときはここに注意

■「あて物」にされないために

売出価格を設定するとき、もっとも気をつけたいことは、あて物（ぶつ）にされないようにすることです。

「あて物」とは、ある物件を見て、次の物件を見たとき、後者の物件がとてもお値打ちに見えてしまうような物件のことをいいます。売出価格が相場よりかなり高い物件を見たあと、手頃な売出価格の物件を案内すると成約しやすくなるので、営業マンはそうした物件を「あて物」と呼んでほかの物件を成約しやすくする道具として扱うことがあるのです。

そういう対象になってしまうと内見だけが異常に多くなるものの、いつまでたっても売れ残ってしまうことになります。

あて物にされないためには、不動産会社の高い査定を鵜呑みにしないことが大切です。それには先にも触れたように査定の根拠となる取引事例とそのときの周辺の売出物件の価格の情報を不動産会社に出させ、きちんと確認することが大切です。

もし売出価格を決める段になっても査定の根拠になるこうした資料を出さないようなら媒介契約を解除して、ほかの不動産会社を探すことも必要です。

自分でもできる売出価格チェック

ご自分が売却しようとしている物件の査定価格や売出価格が妥当なものかどうかをチェックすることは比較的簡単です。

とくにマンションや土地は簡単に相場が分かりますから、それを参考にすれば、不動産会社が意図的に高めの査定価格を出してきても、チェックできます。

たとえばご自分がお住まいのマンションが少し大規模なものであれば、インターネット不動産サイトなどを見れば、同じぐらいの広さの物件が複数売りに出ているのが分かるでしょう。それらの価格を見れば自分のマンションも売出相場がどれぐらいであるかは一目瞭然です。

また築15年（木造の法定耐用年数22年）以上の建物など、建物にほとんど価値がなく土地の値段だけで評価されるような物件は、周辺の土地の売出価格の平均を割り出し、ご自分の物件の敷地面積をかければ、おおよその価格は出てきます。

ご自分で売出価格や査定価格をチェックする際、もっとも難しいのは築10年から15年くらいの中古建物でしょう。まだ建物としての評価が一部残るので、建物の状態によって価格が大きく変わってくるからです。

こうした近隣の不動産の売出相場は、それこそ新聞の折り込みで入ってくる不動産会社のチラシを丁寧に見ているだけで分かります。不動産会社に自分の物件を査定してもらったり、売出価格を相談したりする際に、不動産会社の提案が妥当なものかどうか、判断する材料になります。

新築物件との競合も大きな修正ポイントに

売出価格を修正するポイントとして大きいのは、その地域に新築物件が多く分譲されているかどうかです。

これまで見てきたように成約事例がベースとなって売出価格は決まっていきます。ところが、あなたが売却したいと考えている物件の周辺に新築物件が低価格で分譲されているような場合は売出価格が影響を受けることがあります。

たとえば、成約事例ベースで、築10年、敷地30坪の中古住宅が4000万円前後で取引されているマーケットに、敷地20坪で新築の建売住宅が3500万円で分譲されはじめると、4000万円前後の中古物件の動きが止まってしまう場合があるのです。

マンションでも同じことがいえます。グレードでいうと「格下」のマンションとはいえ、同じ価格帯で中古マンションと新築マンションが競合した場合、「格上」とはいえ、中古マンションの動きが鈍るのはよくあることです。

不動産会社には、新築のマンションや住宅が分譲されるという情報が、いち早く入ってくることがありますから、こうした具体的な情報をもとにした提案には、売主のあなたも積極的に耳を貸す姿勢が大切でしょう。

新築物件やご自分の物件より築浅の物件が大量にマーケットに出てくるような状況では、売却そのものを取りやめるのが賢明な判断である場合もあります。

■その地域の買主の特性を考慮した価格をつける

売出価格を決める際には、あなたが売却しようとしている不動産のある地域の特殊性が加味されることがあります。

同じ敷地30坪4LDKの一戸建てで築10年だとしても、その地域の中でいわゆる「閑静な住宅街」と呼ばれるエリアにあるのか。あるいは表通りには商店が建ち並び低層のオフィスビルもあるようなエリアなのかで、売出価格は変わってきます。

またその地域に住んでいる人、あるいはその地域に住みたいと思っている人が、どういう属性の人であるのかも、ときには考慮する必要があります。同じ住宅街といっても、だれもが憧れるような高級住宅街と庶民派の街ではスムーズに売却できる価格帯に大きな違いがある場合が多く、売出価格を誤ると売却に思わぬ時間が必要になってしまうことがあるので注意が必要です。

たとえば、1坪当たり40万円で取引されるエリアがあったとしましょう。そのエリアにおける平均的な住宅の敷地面積が40坪であれば、土地の価格は1600万円となります。この土地に2000万円の新築住宅を建てると総額は3600万円になります。この3600万円の全額を住宅ローンで賄えたとした場合、このローンの借り入れに必要な年収は400万円から500万円となります。

つまりこのエリアには年収400万から500万円の人が3600万円程度の新築で住宅を購入しているエリアということになります。

これは逆に言えば、このエリアで家を購入しようと考えている人の予算はおおよそ3600万円であるということなのです。ですからこのエリアで70坪の土地を売却しようとすると土地を相場で評価すると2800万円、そこに建物を2000万円で建てると総額4800万円になり、このエリアの平均的な住宅購買層である平均年収400万円から500万円の人には購入が難しいということになります。

こうした点を考慮すると、この70坪の土地は、迅速な売却を念頭に置くなら、相場の一坪40万円より低く抑えるという判断になりますし、時間がかかっても高く売りたいということであれば、このエリア以外への広告を重点的に行うなど、販売戦略のたて方も変わってきます。

■あなたの所有する不動産独自の特長も加味

査定価格から売出価格を導き出す際には、その不動産が持つ独自の特長を加味することも大切です。

不動産は「特定物」ともいわれるように同じものはふたつとありません。同じマンションの同じ広さ、同じ間取りの物件でも、場所によって日当たりや眺望なども違い、それが微妙な価格差になって表れることがあります。

ですからマンションが違えば、よく似たマンションでも、売出価格に差があって当然です。マンションであれば、築年数、駅からの距離、階数や向きなどの特長を十分考慮しながら売出価格を決めていきます。

構造や室内のスペックの違いも価格に影響します。

二重床のマンションとそうでないマンションでは防音性能の違いによって差が出ます。また同じ70平米3LDKのマンションでも天井高が2・4メートルと、2・7メートルは内見時の印象が大きく違うので成約しやすい傾向にあります。したがって天井の高い建物の方が強気な売出価格となることもあるのです。

もちろんこうした不動産の持つ個別の特長は、売却を依頼された際に行う価格査定によって吟味されているのですが、売出価格を決める際には、さらに厳密にチェックしていくことになります。

土地であれば、接面道路の幅員や接道幅、道路と敷地の高低差、間口と奥行のバランスなど、形状をしっかりとチェックします。地方の土地であれば上下水道などの生活インフラが整備されているかどうかも売出価格に影響します。

限られた期間で売却するには思いきった価格戦略が必要

査定価格を基準に売出価格を決めるのが一般的な進め方ですが、それはあなたがご自分の所有する不動産を売却する理由を、正直に不動産会社に伝えていることが前提になります。

たとえば不動産を売却する理由が負債の穴埋めなど、ネガティブな理由である場合、不動産会社の営業マンに伝えづらいでしょう。しかし実際に3カ月後までに不動産を売却してお金を返さないと困った事態になるというような場合は、不動産会社の営業マンに正直に伝えた方が、売却はスムーズに進みます。なぜなら、この場合は売出価格も重要ですが、むしろ「3カ月後には確実に売れてなくはいけない」という期限の方が優先順位が高くなるからです。

この3カ月という時間は、売出価格を決めて具体的に販売活動を開始し、代金の決済と物件の引き渡しを行うには、ぎりぎりの時間です。さらに言えば、もしあなたから不動産会社の営業マンに「3カ月後には確実に売れてなくはいけない」という事情を伝えていなければ、まずこの期限内に売却することは困難といえます。

なぜならまず売買契約を交わしたあと、住宅ローンを申し込み、融資を実行してもらうには、最低1カ月から2カ月はかかります。その間に広告用の写真を撮影したり、インターネットに掲載したり、登録いただいている買主様に情報を送付するために資料を作成する必要があります。これには急いでも1週間は必要です。買主が見つかったとしても契約の締結までには、物件調査を行い重要事項説明書をつくる時間も必要です。ここから逆算すると販売に使える期間は2週間から長くて1カ月半程度になってしまうのです。

実質1カ月というこの限られた期間で売却するには、思いきった価格戦略が必要です。もし、あなたが正直に売却期限が3カ月と伝えてなければ、不動産会社の営業マンとしても、とても提案できることではありません。

急ぐなら買取を選ぶという方法もある

もし、どうしても早く売却したいなら、ここで1章で触れた買取という方法に変更することもできます。

とくに借金などの返済で売却期限があることを不動産会社に言えなかったようなケースでは、媒介で高値の売出価格を付け、長期間売れずにいるよりも、相場の6割から7割の買取価格になるものの、迅速にお金に換えられる買取を選ぶ方が結果的にいい場合もあるのです。

買取価格が査定額の6割から7割程度になるというものの、とくに一戸建ての場合は、先にも触れたように売出価格と成約価格の間に20％ほどの開きがあるわけですから、媒介による売却を選択した場合も、成約価格が売出価格の8割ほどになる可能性は十分にあるのです。

また最近ではハウスメーカーなどを中心に注文住宅用の土地を求める動きが活発で、土地の買取には不動産会社も積極的になっています。土地の買取であれば、ほぼ相場で買い取ってくれるケースも少なくないようです。

買取には媒介による売却にはないメリットもあります。

いちばん大きなメリットは先にも触れた契約不適合責任を回避できるという点です。買取の場合、あなたから買い取った不動産会社が買主を見つけて直接販売するわけですから、売主はあなたではなく不動産会社になります。ですから契約不適合責任を担保するのは不動産会社になるわけです。

また金銭面ではすぐに現金化できるというメリットのほかに、不動産会社に支払う仲介手数料がいらないというメリットもあります。

また近隣の人たちなど知人に売却を知られないことが大きなメリットになる場合もあります。

03 買い替えには特別の段取りが必要

■買い替えには3つのパターンがある

同じ不動産の売却でも、いま住んでいる住居を売却し、ほかの住居に買い替える「住み替え」の場合は、売出価格や売出の段取りに工夫が必要です。

買い替えの段取りにはつぎの3つのパターンが考えられます。

①売却を先にする
②購入を先にする
③売却と購入を並行して行う

「①売りを先にする」は、いまあなたがお住まいの住居をまず売却し、その売却資金が入ってから、改めてつぎの住居を探すという段取りになります（売り先行）。

「②買いを先にする」は、いまお住まいの住居はそのままに、まず新しい住居を探すという段取りになります（買い先行）。新しい住居の購入資金はいまお住まいの住居の売却資金とは別に用意することになります。

「③売りと買いを並行して行う」は、いまお住まいの住居を売りに出し、同時に新居の購入も行うというものです（売り買い同時並行）。この際、新居の購入資金にいまお住まいの住居の売却資金を当てるのか、別に用意できるのかで売出価格や段取りが変わってきます。

■いま住んでいる住居を高値で売りたいなら「売り先行」で

いまあなたがお住まいの住居をできるだけ高く売りたいのであれば、その住居の売却を優先する「売り先行」のパターンがお勧めです。

住み替えを行う人の多くは、住宅ローンが残っている場合が多いので、売却した資金で住宅ローンの残債を返済することになります。したがって少しでも多くの資金を新居購入に回すには、なるべく高値でいま住んでいる不動産の売却ができる「売り先行」が適していると言えます。

旧住居の売却が確定してから新居の住宅ローンを組み直すという流れになるので資金計画がたてやすいというメリットもあります。

また焦らずに、じっくりと売却活動を行えるのもメリットです。いつまでに売却するという期限がないので、不本意な指し値（価格交渉）に応じる必要がないのも「売り先行」のいいところです。

ただ、売買契約の内容次第ですが、売主に引き渡したあと、賃貸住宅などに仮住まいをしなければならない場合があります。引っ越しを二度しなければならないことになりますが、これはデメリットとまでは言えないでしょう。

■納得いくまで新居を探したいなら「買い先行」で

いまお住まいの住居の売却はあとに回し、新居をじっくりと納得いくまで探したいという人にお勧めなのが②の「買い先行」のパターンです。

条件としては新居の購入資金を現在お住まいの住居の売却資金とは別に用意できることがあります。この条件を満たすことができれば、新居に引っ越すまでいまお住まいの住居で暮らすことができるので安心感が違います。これも「買い先行」のメリットです。

逆に、この条件を満たすことができないと、現在お住まいの住居の売却時期や価格に引っ張られて、納得いくまで新居を探すことができないということになりかねません。

これではつぎに触れる「③売りと買いを並行して行う」パターンと同じデメリットを抱えることになります。

②の「買い先行」を最後まで貫くには、事前の資金計画が肝心です。

■「売りと買いを並行して行う」なら買取保証を利用

いまお住まいの住居の売却と新居の購入をいっきに行おうというのが③の「売りと買いを並行して行う」パターンです。

新居の購入資金をいまお住まいの住居の売却資金で賄い、それぞれの物件の受け渡しも同時に行うという欲張ったパターンなので、いろいろと綱渡り的なスケジュールをこなすことになるというのが最大のデメリットです。

しかし、うまくいけば旧物件の抵当権の抹消から新居の住宅ローン設定までいっきにでき、費用と手間を最小に抑えられるというメリットがあります。ポイントは新居の住宅ローン設定の際に、旧住居の「買取保証」をうまく利用することです。新居の購入に旧住居の売却資金を頭金などとして利用する場合、通常は売却が確定していなくてはいけません。そのタイミングがうまく合わない場合に使うのがこの「買取保証」による方法です。不動産会社にいまお住まいの物件が売れなければ買い取りますという保証をしてもらう（買取保証）のです。もちろん買取保証の価格は、通常の買取とほぼ同じですから相場の6割から7割という価格になってしまいます。

CHAPTER 5

あとから知ったのでは
遅いこともある
相続や税金、費用の基礎知識

あなたの所有する不動産を売却する際に、どうしても気になるのは「いくらで売れるか」でしょう。しかし不動産の売却によって結果的にあなたの手元にいくら入ってくるかを重視するとまた違った世界が見えてきます。相続や税金、売却費用など、売却する以前に知っておくと得することもある基礎知識にスポットを当てました。

01 相続する前に知っておきたい相続のルール

■相続とは何か?

相続とは死亡した人（被相続人）の財産（遺産）を配偶者や子などの親族（相続人）が引き継ぐことです。相続人の範囲、引き継がれる財産、その手順などは法律で細かく決められています。

相続を巡るトラブルは多く、トラブルを回避するための本も多数、出版されています。多くの財産を所有する人の場合は、生前から相続に備えて弁護士や税理士に相談し、正式な遺言書を作っているケースも多いといいます。

ここではあなたが相続した不動産を売却する際に知っておきたい法律や知識、注意点に絞って解説していきます。

■相続人の範囲

あなたが被相続人の相続人に当たるかどうかは、民法で明確に規定されています。

配偶者（夫や妻）は必ず相続人とされます。この場合、内縁関係の人は含まれません。

つぎに死亡した人の子ども（あるいは孫など直系卑属）、胎児がいれば、この人たちが配偶者といっしょに相続人になります（第1順位）。

もし第1順位の相続人がいなければ、死亡した人の父母や祖父母（直系尊属）が配偶者といっしょに相続人になります（第2順位）。

さらに第2順位の相続人もいない場合は、被相続人の兄弟姉妹（あるいはその子ども）が配偶者といっしょに相続

配偶者　※内縁関係の人は含まれない

＋

第1順位　死亡した人の子供

第2順位　死亡した人の父母や祖父母など（直系尊属）

第3順位　死亡した人の兄弟姉妹

人となります（第3順位）。

■相続を承認するか放棄するか

相続人になったあなたには被相続人の財産を相続するかしないか選択することができます。

相続人となったあなたが、被相続人の財産を相続するという意思表示をすることを法律では「相続の承認」といいます。

この相続の承認には「単純承認」と「限定承認」があります。

①単純承認

単純承認とは死亡した人の財産を「プラス」と「マイナス」両方合わせて引き継ぐと意思表示することをいいます。

何の条件もなしに相続の原理通りに被相続人の権利義務を無限に継承することから単純承認と呼ばれます。

単純承認の場合は、相続が開始されたことを知った日から3カ月たつと自動的に単純承認したことになります。

被相続人に多額の負債があるようなケースではつぎに解説する「限定承認」や「相続放

棄」をした方がいい場合もありますから注意が必要です。

ところで相続関連の法律について書いた本を読むとこの「相続が開始されたことを知った日」という表現がよく出てきます。これは被相続人が亡くなったことをあなたが知った日と考えてください。実際に亡くなった日ではなく、あなたがそれを知った日であることがポイントです。

②限定承認

単純承認に対して限定承認は、相続する財産がプラスになった場合だけ相続すると意思表示することをいいます。

もう少し具体的に言うと、被相続人の借金などの債務（マイナスの財産）が預金や不動産などの財産（プラスの財産）より多かった場合、債務はプラスの財産の範囲でしか継承しませんと意思表示するのが限定承認です。被相続人と長い間離れて暮らしているなど、被相続人に借金があるのかどうか（債務状況）よく分からない場合などに重宝する相続法です。

ただし限定承認は相続人全員の合意がないと行うことができません。

③相続放棄

たとえば被相続人に多額の借金（マイナスの財産）などがあることが分かっているよう

な場合、相続人になったあなたには、相続しないという選択をすることができます。これが相続放棄です。

相続放棄をすると、その相続人は、相続開始に遡って相続人ではなかったものとみなされます。したがって多額のマイナスの財産があっても、いっさい受け継がなくてよくなります。ただし、相続放棄の場合には、すべての相続財産を放棄することになりますので、当然ですが、マイナスの財産（負債）だけでなく、プラスの財産（資産）も承継することはできなくなります。

■限定承認と相続放棄には熟慮期間がある

相続が開始されたことを知った日から3カ月たつと自動的に単純承認したことになる単純承認と違って、限定承認や相続放棄をする場合は、3カ月以内に一定の手続きを踏むことが必要になります。

この3カ月という期間を熟慮期間といいます。この間に被相続人の債務状況を調査し、必要な書類を添えて、被相続人が最後に居住していた住所を管轄する家庭裁判所に、それぞれ限定承認の申述書、相続放棄の申述書を提出します。

原則としてこの3カ月という熟慮期間の間に申述書を提出しないと、法定単純承認（みなし単純承認）が成立し、限定承認も相続放棄もできなくなってしまいます。ただし家庭裁判所に重ねて熟慮期間延長の申述を行えば、延長が認められることもあります。

想像以上に複雑な限定承認の手続き

債務はプラスの財産の範囲でしか継承しませんと意思表示する限定承認は、被相続人の債務がはっきりしない場合に便利な相続の方法だと先に解説しました。しかし現実にはほとんど利用されていません。その理由は手続きの複雑さと相続人全員の手続きへの参加が必須というハードルの高さにあるといえます。

まず手続きですが、3カ月という限られた時間の中で、家庭裁判所に対して限定承認の申述をする際には、相続財産の目録を作成してこれを提出する必要があります。

これだけでもなかなか大変な作業ですが、家庭裁判所による審判を受けて限定承認が認められたあとは相続財産の精算という作業が待ち構えています。相続財産の目録に沿って競売制度などを使って財産（不動産）をお金に換えていきます。

またこれと並行して被相続人が生前に残した債務があれば、その債権者に対して、限定承認した旨の通知と債権の請求書提出の依頼も必要です。また調査の及ばなかった債権者のために官報に公告を出し限定承認を告知し、債権があれば名乗り出てくれるようにする必要もあります。

こうした手続きはすべて相続人の手によって行わなければなりません。もちろん実務は専門の弁護士などに依頼することになるでしょうが、かなりの出費を覚悟する必要があります。

また限定承認の場合、相続放棄と異なり、共同相続人がいる場合は全員で限定承認の申述をする必要があることはすでに触れました。相続人がひとりという場合は少ないでしょうから、いくらあなたが限定承認をしたいと思っても、共同相続人全員が賛成してくれないことには限定承認の申述をすることはできないのです。共同相続人の意思をひとつにまとめる強いリーダーシップが必要になります。

02 知らないと損する不動産相続のポイントはここ

■これだけは気をつけて！　法定単純承認（みなし単純承認）

ここまでは相続の開始を知ったときにあなたがとることのできる3つの選択肢①単純承

認②限定承認③相続放棄について、その概略を解説してきました。ここからは不動産会社の営業マンでも知っている人の少ない重要ポイントに触れていきます。

まずは、あなたが相続の開始を知ったときに絶対に思い出してほしいことがあります。それは法定単純承認（みなし単純承認）というものの存在です。

法定単純承認（みなし単純承認）とは、以下に挙げた具体例のような行為をすると法律によって単純承認したとみなされるというものです。

①相続開始を知ったときから3カ月以内に限定承認も相続放棄もしなかった
②相続財産を処分した
③相続財産を隠匿した
④相続財産を私に消費した
⑤相続財産を悪意で相続財産の目録に記載しなかった

法定単純承認が成立すると単純承認をしたものとみなされ（みなし単純承認）ますから、それ以降、相続放棄や限定承認をすることができなくなります。被相続人に多額の借金があったり、借金の有無が不明だったりして限定承認や相続放棄を検討する場合は、それ以前に相続人が法定単純承認（みなし単純承認）にならないように十分に注意する必要があります。

とくに限定承認を検討している場合は相続人がひとりでも法定単純承認（みなし単純承認）成立となってしまうと、その時点で限定承認が不可能になってしまいますから注意が必要です。

■被相続人名義のATMでお金を引き出してもアウト

ここからは法定単純承認（みなし単純承認）がどんなときに成立するか具体的に見ていきましょう。

もっとも多いのは父親や母親（被相続人）名義のキャッシュカードでATMからお金を引き出し私的に消費してしまうケース。これが被相続人の葬儀費用や仏壇・墓石代などであれば法定単純承認（みなし単純承認）に当たらないという判例もありますが、相続人の生活費などに当ててしまった場合は「④相続財産を私に消費した」に当たりアウトです。

相続する予定の建物を取り壊してしまった。これも「②相続財産を処分した」に当たります。相続財産を売却したわけではないからといってもその理屈は通りません。

それまで被相続人が所有して使用していた自動車の名義を変更した。これも売却したわけではないから大丈夫と思いがちですが、やはりアウトです。

遺品をリサイクル業者や遺品整理業者に売却したとか、遺産分割協議に参加したといった場合に、法定単純承認（みなし単純承認）が成立することはいうまでもありません。

では法定単純承認（みなし単純承認）に当たらないのはどんな場合でしょうか。

裁判の判例を見ると、つぎのような行為は法定単純承認（みなし単純承認）に当たらないとされています。

- 遺体や着衣、身の回り品、わずかな所持金などの引き取り行為（S54年3月）
- 形見分け（背広上下、オーバー、位牌、時計、椅子2脚）（S40年5月）
- 葬儀費用の支払い（葬儀費用273万円、仏壇92万円、墓石127万円を被相続人の貯金300万円と香典146万円＋自腹46万円で支払い）（H14年7月）
- 被相続人の死亡保険で被相続人の相続債務の一部を支払い（H10年10月）

とにかく相続の開始を知ったら、少なくとも相続放棄や限定承認の熟慮期間である3カ月が過ぎるまでは、相続財産にはいっさい手を触れないぐらいの注意を払うことが大切です。

■被相続人の借金の有無はこうして調べる

ではつぎに3カ月という「熟慮期間」にどうやって被相続人の財産を調査するかについて解説します。

借金は家族に内緒で行った場合が多く、それを相続人が正確に把握するのは難しい作業です。相続人が被相続人と同居していたのであれば、まず最初にやることは生前に被相続人宛てに届いていた郵便物や関係書類をチェックすることです。

たとえば金銭消費貸借契約書のような契約書がある場合や、また支払いの催告状、督促状など銀行や消費者金融などからの郵便物も借金の存在を教えてくれます。また、被相続人の口座から毎月引き落としがあることで分かる場合もあります。

さらに被相続人名義の自宅等の不動産の登記事項証明書を確認して、抵当権や根抵当権、質権が設定されている場合は被相続人に借金がある可能性があります。また、自動車の車検証でもローンで購入している場合は借金の存在がわかる場合があります。

つぎにやることは信用情報機関への照会です。

被相続人が、消費者金融やクレジットカード会社、銀行などの金融機関から借り入れしていた場合には、相続人であれば信用情報機関に対して、情報開示の請求を行うことが可能です。これらの金融機関のほとんどは、信用情報機関に加盟していますから、もし被相続人がこれらの金融機関から借り入れしていれば、その機関に情報が登録されていることになります。

銀行からの借り入れ：一般社団法人全国銀行協会（全国銀行個人信用情報センター）
クレジット会社からの借り入れ：株式会社シー・アイ・シー（略称ＣＩＣ）
消費者金融に対する借り入れ：株式会社日本信用情報機構（略称ＪＩＣＣ）

ここに情報開示の請求をしてみて被相続人の情報がなければ、かなりの確率で借金はないと判断することができます。

しかし被相続人が生前、連帯保証人になっていたかどうかは調べにくいので要注意です。被相続人が会社を経営していたような場合、連帯保証人になっているケースは少なくありません。

また借金の調査（債務調査）を弁護士などに依頼する際は、過払い請求も同時に依頼することをお勧めします。テレビやラジオで繰り返しＣＭが流れている過払い請求は死亡した人でも可能になる場合があることを覚えておきましょう。

不動産の価値判断には買取査定を活用

単純承認とは死亡した人（被相続人）の財産を「プラス」と「マイナス」両方合わせて引き継ぐと意思表示することでした。もし被相続人の財産を正確に知ることができ、マイナスの財産よりプラスの財産が上回ることが確実であれば、そのまま3カ月の熟慮期間が過ぎ、法定単純承認（みなし単純承認）が成立するのを待つのがもっとも賢い相続の方法といえます。先に触れたように単純承認は、手続き自体が不要ですから、費用はいっさいかかりませんし、裁判所などに出向く必要もありません。

気をつけたいのは、3カ月の熟慮期間が経過し法定単純承認（みなし単純承認）が成立したとしたあと、「被相続人にお金を貸していた」と言って債権者が現れた場合には、相続人に返済義務が生じることがある点です。

こうした相続後の債権者の出現という事態に対応するために限定承認や相続放棄という方法があるわけですが、先にも触れたように相続の方法を判断する前に被相続人のプラスとマイナスの財産を正確に把握できれば、こうした事態が起こる確率をかなり減らすことができます。

被相続人に借金があった場合、相続する財産で返済できるのかどうかを判断するには、プラスの財産のうち不動産の価値がどれくらいあるかを正確且つ迅速に算出することが大切になります。被相続人が残した不動産の価値を知るには不動産の買取価格を不動産会社に査定してもらい、それを基準に考えるのが手っ取り早い方法です。すでに触れているように不動産会社が査定する買取価格は市場価格より低めに出てきます。売却したときこれ以上安くはならない価格と考えていいわけですから被相続人の財産がプラスかマイナスかを判断するには打って付けなのです。

ちょっと話がそれますが、遺産分割などの場で相続する不動産の価値を議論する際に「路線価」が持ち出されることがあります。路線価とは相続税を国に納める際の基準となる価格ですが、実勢価格の半分以下の価格です。ですから、たとえば財産に不動産と有価証券、現金があった場合に、不動産を路線価で評価して分配すると不公平になります。あくまで時価で議論するのが賢い方法です。この際も不動産会社の買取価格を基準にするといいでしょう。

■熟慮期間の3カ月が延長されるのはこんなケース

先に相続人が被相続人の財産を相続するかどうか判断する期間である3カ月は裁判所に申し立て（申述）すれば延長できることに触れました。では具体的にどんな内容の申し立てをすれば裁判所は延長を認めてくれるのでしょうか。

あるケースでは「不動産の価値が分からないので相続を承認するかどうか判断できない」と裁判所に申述し、熟慮期間の3カ月延長を認めてもらうことができました。

すでに1章で解説したように、不動産を媒介によって通常の市場価格に近い価格で売却するには早くても3カ月以上かかります。これを援用することで裁判所に対して「被相続財産（不動産）の正確な価値を算出するには最低3カ月はかかる」と主張したのです。

あるケースでは「被相続人に対して債権を持つと主張する者がいるが、その真否を確認するのに時間がかかる」と主張することで、熟慮期間を延長してもらうことができました。

そのほか①被相続人の債務状況が複雑で全体像を把握するのに時間がかかる②相続人が海外など遠いところに住んでいる③相続財産が海外など遠い場所にある、などのケースも熟慮期間が延長されることがあります。

こうした実務になると素人ではなかなか判断できませんから、相続に強い弁護士や司法書士など法律の専門家の力を借りる必要があります。弁護士や司法書士ならだれでも相続の実務に強いわけではありませんから「熟慮期間の延長はどうしたらいいか」など、ちょっと専門的な相談をしてみて、すぐに答えてくれるような弁護士や司法書士なら安心といえます。

■相続放棄しても不動産の管理責任までは放棄できない

相続放棄をすれば被相続人のプラスの財産もマイナスの財産も継承しないことになるとすでに述べました。

しかし相続放棄をしても不動産の場合、その管理責任までは放棄できないので注意が必要です。これは民法940条1項にあるつぎの条文によるものです。

『相続の放棄をした者は、その放棄によって相続人となった者が相続財産の管理を始めることができるまで、自己の財産におけるのと同一の注意をもって、その財産の管理を継続しなければならない』

また地方を中心に空き家が増え、その管理が問題になって成立した「空家等対策の推進に関する特別措置法」（いわゆる空家等対策特別措置法）の中でもつぎの条文のように「所有者等」という表現で、相続放棄した者の管理責任に触れています。

市町村長は、特定空家等の所有者等に対し、当該特定空家等に関し、除却、修繕、立木竹の伐採そのほか周辺の生活環境の保全を図るために必要な措置をとるよう助言または指導をすることができる。

このように相続放棄をしたとしても不動産の管理責任を放棄することにはならないので注意が必要です。

■複雑な相続事情がある場合に限定承認を利用するとうまく行く場合がある

手続きも複雑で費用もかかる限定承認ですが、たとえば被相続人とは兄弟だが長い間いっしょに暮らしていないので債務の状態が分からないような場合、保険をかける意味で限定承認をするなど、複雑な相続事情がある場合には、うまくいく場合があります。

ほかにも借金が膨大にあるが、先祖伝来の不動産や自社株は守りたいようなケース。そんなときに限定承認をするという方法があります。もちろん、いったんは競売で売却し借金を返済することになりますが、限定承認した相続人には「先買権」が生じるので、優先的に買い戻すことができるのです。

また相続放棄と限定承認をうまく組み合わせると、高齢者に相続順位が回るのを防ぐことができます。相続放棄をするとその瞬間に相続人でなくなるという条文があるので、ひとりを残して相続放棄をし、ひとりだけで限定承認をするという運用になります。

03 これだけは知っておきたい不動産売却と税

■相続税の課税対象となる被相続人は全体の8%ほど

相続という言葉を聞くと、ほとんどの人が相続税という言葉を思い浮かべると思います。いつか聞いた「相続税を払えなくて家屋敷を処分した」などという話を思い出し、「私は大丈夫?」と心配になる人もいるかもしれません。

では実際に相続税の課税対象となる死亡した人(被相続人)はどれくらいの割合になるのでしょうか。ある調査＊によれば2019年に死亡した人のうち相続税の課税対象となった人の割合は8・3%となっています。つまり100人の死亡者のうち実際に相続税の課税があったのは8人ということになります。

因みに2015年に相続税の基礎控除額が縮小されたことで課税される人の割合は2014年の4・4%から8・3%に増加しました。＊公益財団法人生命保険文化センターHPより

この数字を見れば、よほど被相続人に資産がない限り、まず相続税で悩む心配はないと

いえそうです。

■正味の遺産額と基礎控除額

とはいえ、たとえば自分の父親が死亡した際に相続税の課税対象となるかどうか心配だという人は、以下の式を参考にしてみてください。

相続税の対象となるかどうかを判断する計算式
正味の遺産額－基礎控除額＝マイナスなら相続税の課税対象にならない
正味の遺産額－基礎控除額＝プラスなら相続税の課税対象になる

正味の遺産額：不動産（土地・建物）や預金等の財産から借入金や未払金等の債務を引いたものです。生命保険金や死亡退職金がある場合は、それぞれ非課税限度額を超えた分が加算されます。正味の財産を算出する際、不動産については固定資産評価額や路線価を参考にしてください。
基礎控除額：3000万円＋600万円×法定相続人の数
生命保険金や死亡退職金の非課税限度額：500万円×法定相続人の数

売却した場合は不動産譲渡税(所得税)や住民税に注意

このように相続で不動産を相続した場合でも、かなりの割合で相続税を納める必要はないことが分かりました。ただし、その相続した不動産を売却した場合は十分に注意が必要です。不動産を売却して譲渡所得があった場合は所得税と住民税がかかるからです。

相続したときは相続税を納める必要がなかったといっても、喜んでいる場合ではありません。土地や建物を売った場合は、その年度に確定申告を行い譲渡所得に対する税金を納めなければならないからです。譲渡所得が多ければ納める税金も多くなります。また所得に応じて課税される住民税も、その年度の税額が増えることになります。これを考慮しておかないと売却した翌年の納税が大変なことになる場合もあるのです。

土地や建物の譲渡所得に対する税金は、ほかの所得と区分して計算します(分離課税)が、確定申告の手続きは、ほかの所得といっしょに行います。

課税対象には、土地や建物のほかに、借地権や耕作権など土地の上にある権利が含まれますし海外にある土地や建物も含まれます。

適用される税率は、不動産を所有していた期間によって長期譲渡所得と短期譲渡所得に分類されます。

長期所得:土地や建物を売った年の1月1日現在で、その土地や建物の所有期間が5年を

超える場合
短期譲渡所得：同5年未満の場合
長期譲渡所得の税率：所得税15％　住民税5％
短期譲渡所得の税率：所得税30％　住民税9％

■不動産譲渡税の計算はこうする

課税譲渡所得金額は次の式によって計算します。

譲渡価額－（取得費＋譲渡費用）－特別控除額（一定の場合）＝課税譲渡所得金額

取得費：売却した不動産を購入したとき代金（建物は減価償却費相当額を控除）や仲介手数料などの合計額。購入時の税金（印紙税、登録免許税、不動産取得税など）、測量費や土地の整地費、建物解体費なども含みます。またこれらの合計額が譲渡価額の5％に満たない場合は、譲渡価額の5％相当額を取得費として計算することができます。

譲渡費用：仲介手数料、測量費、貸家の売却に際して支払った立退料、建物を取り壊して土地を売ったときの建物解体費などです。印紙税や登録免許税、違約金、借地権の名義書換料なども含みます。

特別控除額：一定の条件を満たしたときに控除される額。たとえば収用などのときには最高5000万円が控除されます。またあとに触れるように自分の住んでいる家屋と土地を売ったときには最高3000万円が控除されます。

注意したい点として、上の式で計算した結果、損失が生じても、確定申告の際に土地や建物の譲渡所得以外の所得との損益通算はできないということがあります。ただし自分の居住用の住宅（マイホーム）を売ったときは、損失を控除できる特例があります。

04 知っておきたい不動産売却時の特別控除の特例等

間違えやすいふたつの3000万円特別控除の特例

先に不動産譲渡税（所得税）の仕組みについて解説しました。ここからは一定の条件を満たした際に譲渡価額から差し引くことのできる特別控除の特例について見ていきましょう。

さまざまな特例がありますが、特別控除額が同じであることから間違えやすいのがふたつの3000万円特別控除の特例です。

まずひとつが「居住用財産を譲渡した場合の特別控除の特例」（以下、居住用財産譲渡の特例）。もうひとつが「被相続人の居住用財産（空き家）に係る譲渡所得の特別控除の特例」（以下、空き家に係る特例）です。

ある一定の条件を満たした場合、売却益から最大3000万円が控除されるので、不動産のプロでも混同しやすいこのふたつの特例ですが、大きな違いは「空き家に係る特例」が、相続した空き家を解体してその敷地を売却する際の特例であるのに対して、「居住用財産譲渡の特例」は現に所有者が居住用として使っている土地・建物を売却した際の特例である点です。

また「空き家に係る特例」が平成28年4月1日から令和5年12月31日までの時限措置である点も大きな違いといえます。

■居住用不動産を売ったときの3000万円控除の特例

あなたが自分の所有するマイホーム（居住用財産）を売却したときは、所有期間の長短に関係なく譲渡所得から最高3000万円まで控除ができる特例があります。利益が3000万円以下であれば税金（譲渡税）はゼロになります。

これを、「居住用財産を譲渡した場合の3000万円の特別控除の特例」（居住用財産譲渡の特例）といいます。

現にあなたが住んでいる自宅を売却したときに適用されるほか、以前住んでいた自宅の場合は住まなくなってから3年目の年末までに売却したときに、譲渡所得から3000万円が特別控除できる制度です。

他人に賃貸しても適用を受けることができますが、建物を解体した場合には1年以内に売買契約を締結する必要があります。建物を解体したあと、貸駐車場等にすると居住用財産譲渡の特例が適用されなくなります。

住民票があるだけでは自宅とみなされない場合があるので注意してください。

老人ホームに入所するときに介護認定を受けられなかったときは、居住用の軽減を使って売却すると3000万円の控除を受けられます。

■被相続人の居住用財産(空き家)を売ったときの3000万円控除の特例

死亡した人の自宅を、平成28年4月1日から令和5年12月31日までの間に売って、一定の要件に当てはまるときは、譲渡所得(利益)の金額から最高3000万円まで控除することができるのが「空き家に係る特例」です。つまり利益が3000万円以内であれば税金(譲渡税)はゼロになります。

以前は老人ホーム等に入所していて亡くなった場合には、この「空き家に係る特例」は利用できませんでしたが、令和元年5月から亡くなったときに老人ホーム等に入所していた方の自宅にも適用されることになりました。ただし老人ホーム等に入所する場合、入所前に要介護認定等を受けている必要があります。要介護認定を受けていないと以前と同じで「空き家に係る特例」は受けられませんので気をつけてください。もし要介護認定を受けられないまま老人ホームなどに入所した場合は、生前に居住用財産譲渡の特例を利用して売却すれば売却益から最大3000万円の特別控除を受けることができます。

また「空き家に係る特例」とあるように、相続時から譲渡時までその建物を人に賃貸したり、自分で居住したりした場合は適用を受けられません。

「居住用財産譲渡の特例」の場合は、賃貸しても自分が住まなくなってから3年目の年末までに売却すれば適用があります。ここは間違いやすいので注意が必要です。

さらに「空き家に係る特例」の場合、3000万円の特別控除額は相続人ひとりについて適用されるという点に注目してください。

たとえば兄弟2人で被相続人名義の自宅を相続した場合、それを売却するとそれぞれ3000万円の特別控除の適用が可能です。つまり兄弟2人の共有で相続すると売却益から6000万円まで控除できます。3人で相続すれば9000万円まで控除額が増えます。

ただし「売却代金が1億円以下であること」という縛りがありますので、ここも注意が必要です。

■所有期間が10年を超える居住用不動産を売ったときの特例

先に居住用不動産を売ったときの3000万円控除の特例について解説しました。

この特例と併用できる特例として「所有期間が10年を超える居住用不動産を売ったときの特例」があります。

この特例は、所有期間が10年を超える居住用の不動産（マイホーム）を売った場合に適用されるもので、譲渡所得税に軽減税率が適用されるものです。

譲渡益が6000万円を超えた場合、所得税15・315％＋住民税5％で合計20・315％である譲渡税が、6000万円までの場合は所得税10・21％＋住民税4％の合計

14・21％に軽減されるというものです。

たとえば譲渡益が7000万円になった場合で、この「所有期間が10年を越える居住用不動産を売ったときの特例」と「居住用財産譲渡の特例」が併用できれば、譲渡税の対象となるのは4000万円となり、6000万円まで軽減税率14・21％が適用されることになります。

■利益が出なかった場合の特例もある

もちろん不動産売買は、利益が出るときばかりではありません。そんなときに利用できるのが「居住用財産の買い替え等の場合の譲渡損失の損益通算及び繰越控除」と「特定居住用財産の譲渡損失の損益通算及び繰越控除」というふたつの特例です。

一定の条件を満たすとその年の給与所得や事業所得などほかの所得との間で損益相殺することが可能になります。さらにその年だけで相殺できなかった場合は、譲渡の翌年以降3年以内であれば繰り越して相殺することができます。

CHAPTER 6

売却の難しい物件の
売却、管理、再生はこうしましょう

相続などであなたの所有になった不動産が利用されないまま放置されていませんか。庭の草は伸び放題、建物は雨漏りがする部分もあり、残置物が埃にまみれている。また周辺の環境はいいのだが、接道がない、再建築ができないなど、ハンディを抱えた不動産をお持ちの方は「売却できない」とあきらめる前に、ぜひ、この章を読んでみてください。知恵を用い工夫を凝らせば売却できない不動産はありません。

01 空き家を不動産会社が扱いたがらないわけ

■媒介手数料が低すぎる!?

相続で地方に空き家になった不動産をお持ちの人の中には、一年に一度は草刈りにいくけれど、内部にはもう5年も踏み込んでいないという肩を落とす人もいるでしょう。中にはもう10年も放置していて廃墟同然になっていると嘆く人もいるかもしれません。そしてこうした人のほとんどが「こんな物件は売却できない」と思い込んでいるのではないでしょうか。

しかし実際は、ほんの少し手間をかけたりお金をかけたりすれば、どんな物件でもそこそこの値段で売れます。この章では、まずそこを理解していただきたいのです。

とはいえ「売却しようとして不動産会社に相談したが、体よく断られた」「ネットの一括査定を試したら査定不能という結果だった」こんな声も聞こえてきそうです。確かに多くの不動産会社が地方にある空き家の媒介による売却依頼や買取に消極的であるのは事実です。

その理由は、まず何と言っても媒介手数料が低いことです。

媒介手数料が法律で決まっていることは、すでに何度も触れていますが、ここで改めて復習しておくとつぎのようになります。

媒介（仲介）手数料＝（売却価格×3％＋6万円）＋消費税

しかしこれは売却価額が401万円以上の場合で、地方にある空き家のように売却価額が低い物件の手数料は以下のように決められていました。

売買価格（税込）が200万円以下の場合　5％

売買価格（税込）が２０１万円以上４００万円以下の場合　４％＋２万円
売買価格（税込）が４０１万円以上の場合　３％＋６万円

地方にある空き家の場合、その状態は千差万別ですが、仮に１００万円で売れたとしてみましょう。売主と買主の双方から手数料を5％もらったとして媒介した不動産会社に入る手数料は双方から5万ずつの10万円です。これには交通費や通信費など物件の調査に必要な費用も含まれていました。

■４００万円以下の場合、売主から最大18万円までに改定

これではあまりに低すぎるということで、仲介手数料を定めた「昭和45年建設省告示第１５５２号」が、２０１７年（平成29年）に改正されました。その結果、売却価額が４００万円以下の場合は、手数料のほかに売主と相談の上で調査費用などが別に盛り込めるようになり、最大18万円までもらえるようになったのです。

この改正によって先ほどの例は以下のようになりました。

改正前　売却価額１００万円　売主から5万円＋買主から5万円＝手数料10万円

改正後　同100万円　売主から最高18万円＋買主から5万円＝手数料最高23万円

この手数料改正の背景には第8章で詳しく触れる日本の空き家問題があります。

日本の空き家数は一貫して増え続け、2018年には空き家数846万戸、空き家率13・6％に達しました。ある調査機関の予測によれば、2033年には空き家数1955万戸、空き家率27・3％に達するとされています。こうした状況の中でも住宅総数は依然として右肩上がりが続きます。一方、日本の人口はすでに減少に転じており、2048年には日本の総人口は1億人を割ると予測されています。人口はもちろん世帯数も減少するのに住宅の増加は続くわけですから、空き家がこの先増加の一途をたどるのは当然のことと言えます。

こうした状況の中、国は空き家の流通活性化を目標に置いてきましたが、地方の空き家は物件価格が低いだけでなく、遠方になると通常より調査費がかかって赤字になるため、不動産会社が取引自体を敬遠するケースも出てきたのです。

そこで国土交通省は低価格の不動産の媒介（仲介）手数料を上げることで、少しでも地方の空き家の取引が活発になるように動いたというわけです。

しかしこの程度の手数料アップでは多くの不動産会社が地方の空き家の解消にはいたら

なかったというのが実情なのです。

■難しい地方の空き家の境界明示

もうひとつ、不動産会社が地方の空き家の媒介や買取におよび腰になる理由があります。それは不動産取引における境界の明示義務の存在です。

すでに第1章で触れているように不動産の売買を行う際には、売主は土地（敷地）の境界をきちんと売主に明示する義務を負っています（境界の明示義務）。ところが地方で先祖代々受け継いできたような古い土地建物を売却するとなると、この境界の明示義務は複雑な問題を引き起こすことになる場合があるのです。

互いに何十年、ときには何百年に渡って土地の売却がなく、境界が曖昧なまま平和に暮らしていたところに降って湧いたように起こった「境界の明示」。それが巻き起こす「波乱」は経験したことがないと分からないと話す不動産会社の担当者がいます。

とくに不動産会社が買い取る場合、境界の明示義務は、一般の人が売主になる場合より厳しく問われますから、最終的には測量をして境界を明確にしなければならない場合も出てきます。

そんなときにまず問題になるのは費用です。売却価額が100万円とか200万円の物件とはいえ、境界を明示しようとして測量をしたら数十万円の費用がかかります。それで隣地の人たちも納得してくれ境界が明示できればまだいいのですが、ときにはそれまで眠っていた境界問題に火をつけることになりかねません。

こうした理由もあって、ほとんどの不動産会社は地方の空き家の媒介や買取には手を出さないことが多いのです。

02 地方の空き家も必ず売れる

■売主が正面から売却に取り組むことが大切

もちろん、中にはここまで述べたようなことをすべて飲み込んだ上で、地方の空き家の売買に積極的に取り組んでいる不動産会社もあります。そんな不動産会社にとって、いちばんうれしいのは、やはり売主であるあなたが正面から空き家の売却に取り組んでくれることです。

いくら不動産会社が媒介でなるべく高く売却しようとしても、売主のあなたが「こんな

木と草に覆われ、建物に立ち入ることができない

10年放置されると木もここまで大きくなる

物件が売れるはずがない」と考えていたのでは、不動産会社の営業マンもやる気をなくします。不動産会社の営業マンがやる気を失うようでは、やはり高額での売却は難しいと言わざるを得ません。

では売主であるあなたは、ご自分の所有する空き家を少しでも高く売却するために、どんなことをすればいいのでしょうか。

まずはご自分の不動産を買いたい人が現れたとき、すぐに内見できる状態にしておくことでしょう。売主さんに「やる気がない」物件は、一目で分かります。ほとんどが木は伸び放題、草は生え放題。そのまま数年、下手をすると10年放置されていると、もう建物の中に簡単には入ることができなくなります。

たとえば、その木を切るだけで物件の印象はまったく違うものになります。

写真は10年ほど放置された土地と建物（倉庫）です。出入り口の前には大きな木が何本も生えていて中に入ることができません。草も伸び放題で、写真では見えませんが、大量のゴミが捨てられています。

木や草、残置物の処理でこれだけ違う

これを一般の人でもできる範囲で片付けてみたのがつぎの写真です。

大きな木は手の届く範囲だけ枝を払いました（大きな蜂の巣も処理）。倉庫のシャッターの前に生えていた木は伐採し、草もきれいに刈りました。こうすると倉庫の中にも入れるようになったので、中にあった動産類（農機具）も専門業者に買い取ってもらいました。

写真から分かるように、この作業は時間と手間さえ惜しまなければ、だれにでもできるといっていいでしょう。専門の業者に頼んだとしても1日程度でできる作業ですから、それほどの金額を請求されることはないと思われます。

結局、売主は当初100万円でも売れないだろうと考えていましたが、この物件（倉庫とその敷地）は299万円で売れました。

建物について言えば、残置されている荷物を

草を刈り、木の下枝を払うのは素人でもできる作業

片付けるだけで印象は全然違います。

地方の空き家を買取し再販売する事業を積極的に行っている不動産会社によれば、木や草の伐採、刈り取りと残置物の処理をするだけで100万円でも売れなかった物件が500万円で売れることがあるといいます。

そこを知らない売主さんは、木や草の始末や残置物の整理にすごくお金がかかると誤解したり、自分でやるのを面倒がったりして安値で手放してしまう。そんなケースが多いといいます。

不動産会社も商売でやっていますから、あまりに低い価格で仲介するのでは儲けがありません。たとえば100万円で売れたとして仲介会社に手数料として入るのは、先にも見たように最高で23万円です。これではちょっと許認可の手続きなどを代行していたら足が出てしまいます。

こんなときは簡単なリフォーム工事も任せてもらって、高く売れたらそちらの工事費に色を付けてもらうとか、うまくタッグが組めるといいと考える不動産会社は少なくないと思います。

ただ現状では、売主さんの方にいっしょに儲けようという意識が薄いので、不動産会社も少しでも安く買って高く売ろうという方向に走ってしまいがちです。しかし売主さんにご自分の物件を少しでも高く売りたいという気持ちが出てくれば、お互いが得をするような形での売買を考える不動産会社も出てくるでしょう。

■土間をコンクリートにするだけでも印象が違う

たとえば築年数が50年を超えるような古民家の場合、土間をコンクリートにするだけで印象は大きく違うのでより高く売れます。

写真は古い農家の台所です。時代を感じさせる窓や引き戸などの建具や、羽釜が懐かしい「へっつい」も、見る人が見れば「住んでみたい」と思わせるに十分です。ただ土間はちょっとでこぼこしていますし、「じめっ」とした感じで、あまりいい印象ではありません。

古民家（古い農家）の台所。雰囲気はいいが、土間が傷んでいる

つぎの写真は、土間に鉄筋を入れてコンクリートを流し込んだだけですが、床の清潔感や安定感がまったく違います。

古民家の場合、梁に太い材木が使われていることが多いので、天井は剥がして梁をむき出しにすると雰囲気が変わり、より古民家らしくなります。

また天井裏に空間がある場合は、一部に板を張ってロフトとして使えるように工夫してみるのもいいでしょう。

また古民家に手を入れる際の鉄則は「決して完成させないこと」です。買主が見たとき「ここは自分でこんな風に手を入れたい」そう思わせるような未完の部分を要所要所に残しておく

土間は鉄筋を入れコンクリートを打つことで、印象がよくなった

ことが大事です。

■不動産会社と「WIN-WIN」の関係をつくれたら

ここで紹介した写真は不動産会社が買い取った古民家などに最低限の手を入れて売却した際のもので、こうした作業を売主であるあなた自身が行うことは難しいと思います。

ここで知ってほしいのは、「古民家をリフォームする」と聞くと費用も作業も大変だと思いがちですが、この程度の作業をするだけで建物の印象が大きく変わり売却しやすくなるということです。

売主であるあなたが空き家の売却に真正面から取り組み、

天井を取り払い、梁をむき出しにする

天井裏にスペースがあればロフトに利用

ある程度費用を負担することで空き家の価値を上げて売却することができれば、あなたも不動産会社もともに得をするといういわゆる「WIN-WIN」の関係がつくれるのではないかと思います。

03 空き家にはそれぞれ適した用途がある

■古民家として再生するには条件がある

築50年を越えるような古い物件(古民家)を売る際は、その物件にあった用途をいっしょに考えてくれるような営業マン、あるいは不動産会社を見つけることが大事です。

たとえば古民家を住居にしたり店舗にしたりするのが最近の流行になっていますが、古ければどんな家でも古民家として再生できるわけではありません。

住居として古民家が人気のロケーションと言えば、周囲に田んぼや畑が広がっていて、そこにぽつりと1軒だけ建っているといったようなものです。すぐ隣に人が住んでいるような物件は、あまり人気がありません。とくに地方ではそういう傾向が顕著です。

店舗は賑やかで人通りはあるが、車の往来があまり多くない場所が適しています。それに対して国道や県道などダンプや長距離トラックが頻繁に通るような道に面している古民家は、いくら築100年120年と歴史のある古民家でも、住居や店舗向けの古民家として再生するには適していません。

つまりひとつの物件毎に、それぞれ適した用途は違うということです。古民家としていま流行のスローライフに適しているもの。あるいは倉庫や資材置き場に合ったもの。これは店舗用、これはロードサービス用などと、ひとつひとつ適正が違いますから、それを見つけてくれるような不動産会社を探すことが重要なのです。

古民家を倉庫や資材置き場に改装

因みに、国道や県道など交通量の多い道路に面した古民家は、どのような用途を想定すればいいのでしょうか。

古民家の再生に経験の深い不動産会社なら、たとえばこんな提案をしてくれるでしょう。住めるまで直すには1000万円ぐらいかかるような物件では、それだけかけられないので屋根・壁・柱といった構造体だけを残して解体し、資材置き場に用途を転換できるようにするという方法です。

近年、大阪を中心とした関西圏では、職人さんたちの働き方が変化してきています。以前は親方の下で働いていた職人さんが、個人事業主として独立することが多くなったのです。それにともない機材や材料を置く倉庫や資材置き場の需要が増えてきました。大阪市内で小さな倉庫を2つ3つ借りている職人さんはけっこういます。家賃2万円ぐらいの倉庫を大阪で2つも3つも借りていて、それなら奈良でまとめて借りるかなんていう職人さんをターゲットにするのです。

最初は賃貸と売却の両方で募集するという方法もあります。そしてたとえ月3万円でも4万円でも借り手が付けば、利回り物件として低価格の不動産を探している投資家に売却ができます。

奈良や和歌山など距離は遠くても道路事情のよいところであれば、すぐに借り手が付きます。中には大阪市内に点在する倉庫や資材置き場をひとつにまとめられるなら買ってもいいかという職人さんもいます。

■査定は「地方暮らし専門サイト」を利用

ご自分がお持ちの地方の空き家の価格を査定してもらおうとするときには注意が必要です。普通の居住用物件の査定依頼をするような気持ちでネットの査定サイトに依頼すると思わぬ結果に驚くことがあります。査定額が低いのは承知の上とはいえ、「査定不可」という結果を見ると「やはり売れないのか」と思い、がっくりきてしまいます。とくに地方の市街化調整区域内の物件などは、「査定不可」の一言で切り捨てられてしまうことが多いのです。その結果、多くの人が自分の物件は売れないのだと誤解してしまいます。

現在は古民家での地方暮らしの紹介に特化したサイトがありますから、一般の住宅査定サイトを利用するのではなく、地方暮らしの専門サイトに広告を出しているような不動産会社に査定を依頼したり売却の相談をしたりするのがいいでしょう。

そういう不動産会社は、古民家再生について独自のノウハウを持っていますし、地方の不動産を買いたいという人々から、普通の不動産会社には決してこないような多くの問い合わせがきています。

600坪の敷地で馬の調教をしたい

たとえばある不動産会社は600坪の敷地に家がぽつんと建っている地方の物件を抱えていました。それを購入したのは馬の調教をしたいという人でした。

その人は地方暮らし専門サイトにその不動産会社が出した広告を見て連絡をくれたそうです。この物件の担当者は600坪という広大な敷地の利用法に頭を痛めていたところでした。広い敷地の家を求めている人でもっとも多いのはペットの多頭飼いだといいますが、600坪というのはドッグランをつくるにしてもさすがに広すぎます。そこへ「馬の調教をしたい」という話があり、話はいっきに進みました。まさにベストマッチングの出会いが生まれたのです。

ときには都会ではつくれないようなちょっと危険な施設の敷地を探しているという話が舞い込むこともあるというので注意も必要だとか。ある有名な大学からは動物実験をするための研究施設を建てる敷地を探しているという問い合わせもあったようです。

■高速道路のインター近くは売れやすいし貸しやすい

大阪圏や首都圏など高速道路が放射状に整備されているエリアでは、実際の距離は遠くてもインターチェンジからすぐの物件は売れやすいし貸しやすいという傾向があります。昼間は渋滞などあるものの、深夜なら高速道路を飛ばしていっきにインターチェンジまで行くことができ、インターチェンジを下りればすぐ我が家というのが人気になっています。

奈良県にある土地250坪建物60坪の古民家は、家賃5万5000円で賃貸に出したら、すぐに問い合わせがあり、成約にいたったそうです。

この建物は1階が土間と大きな和室があって、2階にはおまけみたいに3室ほどの部屋があるといった典型的な古民家です。場所は奈良県のかなり山奥ですが、高速道路のインターからすぐの場所にあります。奈良は大きな高速道路が通っていますから、高速道路に乗ってしまえば大阪からすぐというのも受けた理由でしょう。また建物の内部を自由にしていいというところも気に入られたようです。

この物件を借りた人は、某有名テーマパークで、これまた有名なアトラクションのデザインをされた方でした。やはりユニークな人はユニークな住居を選ぶようです。広い敷地を求めていると聞くと家庭菜園などの需要を思い浮かべますが、これは意外に少ないようです。

■欧米系の外国人もターゲット

古民家の再生を行っている不動産会社によると外国人の問い合わせも多いといいます。それも中国人とかのアジア系より欧米系の人が多いと言います。彼らは自分で自分の家に手を入れるという文化を持っているので「ジャパニーズハウス大好き」みたいな感覚があって、しかも自分で細部に手を入れたり壊れた部分を直したりするのに抵抗がないのです。むしろそれを楽しんでいるような部分さえあるようで、完成された家には興味がないという人さえいるので注意が必要です。

ただ、もともと日本人とは考え方も風習も違うので地元の人とトラブルが起こる心配があることは頭に入れておく必要があります。

不動産会社によれば、勝手に田んぼの水を自分の家に引き込んでしまったことがあったそうです。このケースは賃貸だったので所有する不動産会社の代表が呼びつけられて近隣住民に怒られたそうですが、こういうリスクはあり得ます。

また隣地があいているからと勝手に土地を使ってピザ釜をつくってしまったという話もありました。

ただまったく日本の風習を知らないかと言えば、奥さんが日本人というケースも多く、コミュニケーション次第で近隣との関係もうまくいくようになるといいます。

関西圏ではこうした外国人の古民家需要は京都に近いあたりに割合多いようです。

■インスペクションは古すぎて無理なことが多い古民家

ところで50年を越えるような古民家を売却する場合に気になるのが、先に触れた契約不適合責任の問題。

古民家の再生を多く手がけている不動産会社によれば、個人で売却する場合、いまのところ契約不適合責任については考えなくていいようです。

また境界の明示義務についても、売買契約書に「境界の明示はしない」という特約を付け、その条件を飲んでくれる人に売却するという方法も有効です。

ただし不動産会社が買い取って再販するような場合は、厳密に言えば契約不適合責任の問題も、境界明示義務の問題も残るので、前にも触れたように買取を渋る不動産会社が多い原因となっています。

そもそも築100年を超えるような古民家の場合は、インスペクションを依頼して建物の耐久性を調べれば、あらゆる部分で問題があるのは明らかでしょう。それを十分に理解した上で買ってもらうというスタンスをとるのが大切です。

その点では、先に紹介した田舎暮らしの専門サイトなどでは、こうした古民家特有の問題を解説してくれる記事や動画などが掲載されているので、買主も納得してくれることが多いようです。

04 「再建築不可」物件はこうして売却

■都心で売却しにくいのは再建築不可物件

ここまでは地方に空き家として放置されてきた不動産をどうやって売却するかに焦点を絞ってきました。ここからは都心にありながらさまざまな悪条件で売却したくてもできない物件にも焦点を当ててみましょう。

都心にありながら売却しづらい物件には、どんなものがあるでしょうか。

まずは極端に狭い土地、不整形地、がけ地や急傾斜地、など土地自体の性質に問題があるもの。また土地や敷地が線路に面している、墓地に隣接している、ゴミ焼却場が近い、高圧線の真下であるなど、周辺環境に問題がある土地・建物も売却しにくいといえます。

とはいえ土地には建物を建てる以外の利用法もあり、特別な用途のために土地を探している人とうまくマッチングできれば、すんなりと買い手が見つかる場合もあります。また周辺環境は長い間に変わっていくことも期待できます。

こうした物件にくらべて手がかかるのが「再建築不可物件」です。理由は大きく分けてふたつありますが、取り壊して再建築することができないため建物の老朽化とともに、どんどん不動産としての価値が低下していきます。

建築基準法上の道路に接面していない土地・建物

では再建築不可物件には、どんなものがあるでしょうか。

まずは「接道がない」物件。「接道条件を満たしていない」という言い方もします。建築基準法では建物を建てる際に満たすべき条件として「建築基準法上の道路に2メートル以上接していること」が求められています。これを満たしていない場合、接道条件を満たしていないとして再建築不可となります。

再建築不可となると、その建物を取り壊して新しく建て直すことができないため、建物の躯体の補修やリフォームを繰り返すほかに方法がなく、買主を探すのが極端に難しくなります。

また建築基準法には「建物の敷地は幅4メートル以上の道路に接面していなければならない」という規定もあります。これを満たしていない場合は、その道路の中心から2メートルの線まで敷地を後退させる（これをセットバックといいます）ことで建物の再建築は可能になりますから、間違えないようにしてください。

もちろんセットバックが必要になるケースでは、実際に建て替えようとすると活用できる敷地面積が減ってしまうため、価格が低くなるのはもちろん、買い手が付きにくくなることはあります。

■連棟式建物で接道条件を満たしていない場合

連棟式建物とは、隣の家と壁を共有する建物のことで、ひとつの建物を内部で区切ったと見なされるような家のことを言います。

連棟式の物件が売却しづらい理由はいろいろありますが、もっとも問題が大きいのは連棟式建物全体で見た場合には先に触れた「接道条件」を満たしていても、ひとつひとつの物件で見ると接道条件を満たしていないケースがほとんどだという点です。

連棟式建物は、そもそも隣家と壁を共有しているという構造であるため、再建築が物理的にも難しいのですが、建築基準法上の道路に2メートル以上接面するという条件を満たしていない場合が多く、法律的にも再建築不可となるケースがほとんどです。

また建築した際に、連棟式建物として許可を受け、完成後壁を取り払って見た目は独立した一戸建てを装うという「裏技」（脱法行為？）を使って建てられたものもあるので、登記簿で確認するなど、あなたの所有する物件が、こうした経緯で建てられたものでないか注意を払う必要があります。

ただし、こうした再建築不可の連棟式建物を再建築する方法がまったくないわけではありません。

連棟式建物全体としての売却や建て替えを模索すれば問題が解決する場合もあります。それには、まずは老朽化していくばかりの建物を今後どうしていくか、建物の所有者全員で方向性を確認することが必要です。建物の所有者全員が売却を希望していれば、場所や敷地の規模によってはマンション業者に相場以上の価格で売却することもできる場合もあります。それができれば、少なくとも連棟式建物のうちの一戸だけ売却する場合より、高く売れることは間

典型的な再建築不可の連棟式建物

違いありません。

また全員が建て替えを希望すれば、それもひとつの活用法とはいえると思います。

不動産無担保ローンが使える価格でフルリノベーションする

こうした再建築不可物件を相続などで所有することになったあなたは、今後どのような方法で不動産を売却していけばいいのでしょうか。

実際にこうした再建築不可物件を買い取って、うまく再販売している不動産会社の例を参考にしながら考えてみましょう。

再建築不可物件は不動産としての評価が、同じ築年・規模の再建築可能物件にくらべて低い（よくて6割から7割程度）ので、売却価額を高くしすぎると、買主が希望する額の銀行ローンが使えないケースが多くなります。

そこで切り札になるのが「不動産無担保ローン」です。これは全国の信用金庫などが主に扱っている商品ですが、不動産の購入を目的とした資金として原則無担保で1000万円まで貸し出すというものです。

この不動産無担保ローンを使えば、不動産の評価額とはある程度左右されずに1000万円までは融資が受けられることになります。それに買主の自己資金を加えた範囲で購入できる金額が売出価格の上限となります。

この金額の範囲でリフォーム（フルリノベーション）を行うことが、再建築不可物件をうまく売却するコツです。

■リフォームは対象を絞って特長を前面に出す

このとき大切なのは万人受けするようなリフォームを目指すのではなく、対象を絞って特長を前面に出すことだと不動産会社の担当者は言います。

たとえば車好きの独身男性をターゲットにしてガレージハウスにリノベーションするという方法があります。

あるいはターゲットを愛犬家に絞り、ドッグランやペットの足洗い場を屋外・屋内に設置し、ペットハウスにリノベーションするという方法もあります。

また価格が1000万円台ということから、居室部分は独身者や夫婦のみの買主を意識し、広めの1LDKにするのもコツだといいます。

いずれにせよはじめてご自分の不動産を売却する際に、こうしたリフォームを独力で行うことは難しいですから、売主であるあなたと二人三脚でプランを練り、より高く売却するのに知恵を貸してくれるような不動産会社を探すことがポイントになってきます。

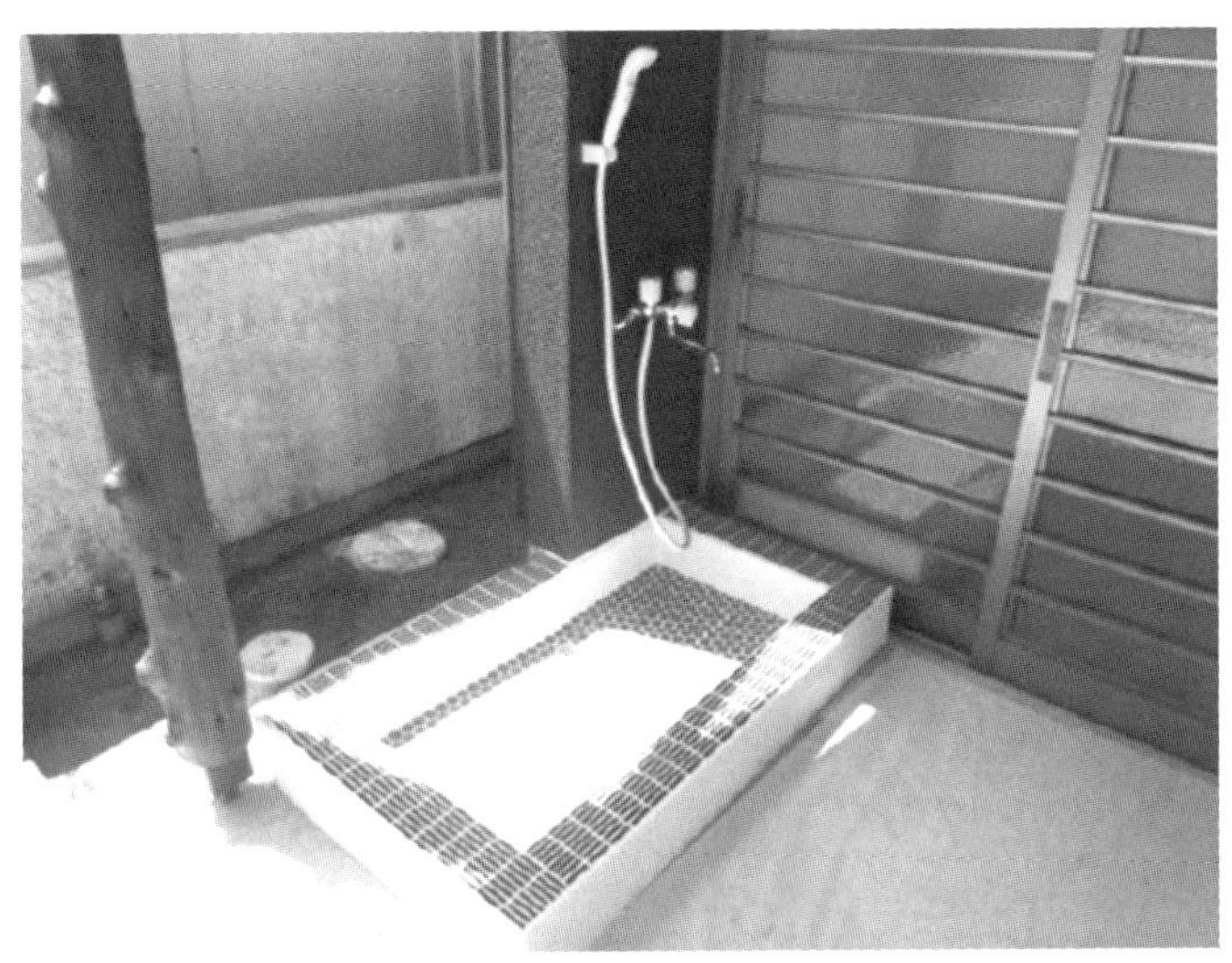

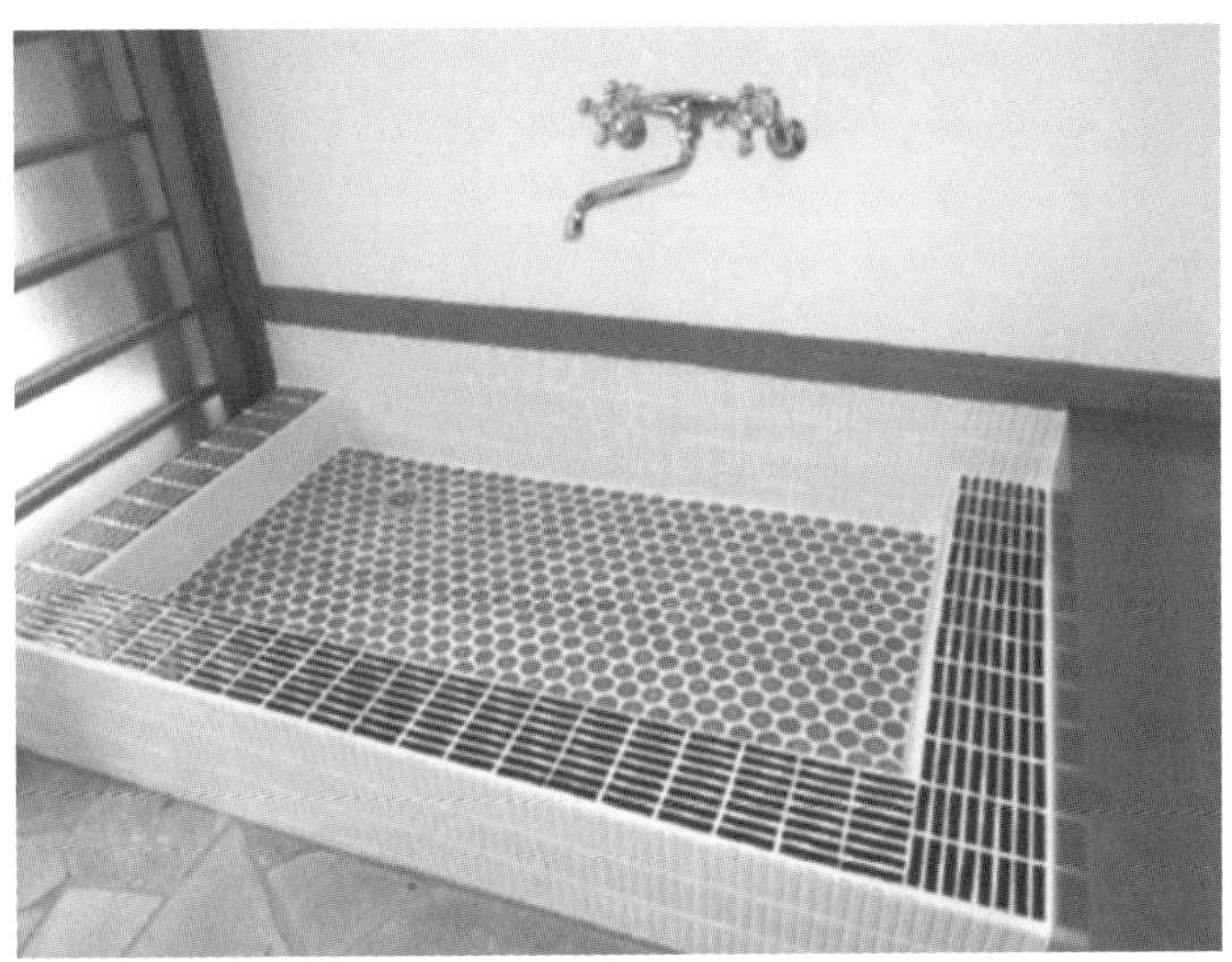

玄関の内外に足洗い場を設置して「ペットハウス」にリフォーム

CHAPTER 7

不動産を高く売る「裏技」はあるのでしょうか？

不動産には周辺の取引事例などから算出した相場価格があることは、繰り返し触れてきました。一方で不動産を売却した人に話を聞くと「相場より●万円高く売れた」などの声が聞こえてくることがあります。ここでは不動産を相場よりも高く売る方法について、実例を交えながら解説してみましょう。

01 狭小地、変形地を高く売る方法

■ 隣地の持ち主に声をかけいっしょに売却するのがポイント

あなたがご自身の所有されている土地を売却しようとしたとき、たいていの場合、ご自身の土地だけ単体で不動産会社に売却を依頼するでしょう。依頼された不動産会社の営業マンもまずほとんどが依頼のあった通りその土地単体で営業活動をはじめます。

しかしみながやっているようなことをやっていたのでは不動産は相場より高くは売れません。とくに土地面積が少ないいわゆる狭小地や変形地は相場より低い価格で売却されるケースがほとんどです。ところがちょっと発想を変えてみるだけで、こうした狭小地や変形地が周辺の相場並かそれよりも高く売れるのです。

そんな例を紹介してみましょう。これは商業地域にある35坪の土地を売った例です。隣接する2つの土地といっしょに売却することにしたため、土地面積は100坪になり相場以上の値段でマンションデベロッパーに売却できました。

■単体では容積率の上限まで利用できない

この物件の売却相談があったとき、売主は相場である4200万円（坪単価120万円）で売りたいが2年間売れないと言っていました。また「近隣では坪180万円で売れたと聞いた」とも言っていました。調査してみるとこの土地は商業地域で建蔽率80%容積率400%で幅員30メートルの公道に面しているため5階建ても6階建てでも建てられる条件を備えてはいました。しかし5階建て以上を建てるにはエレベーターは必須です。しか

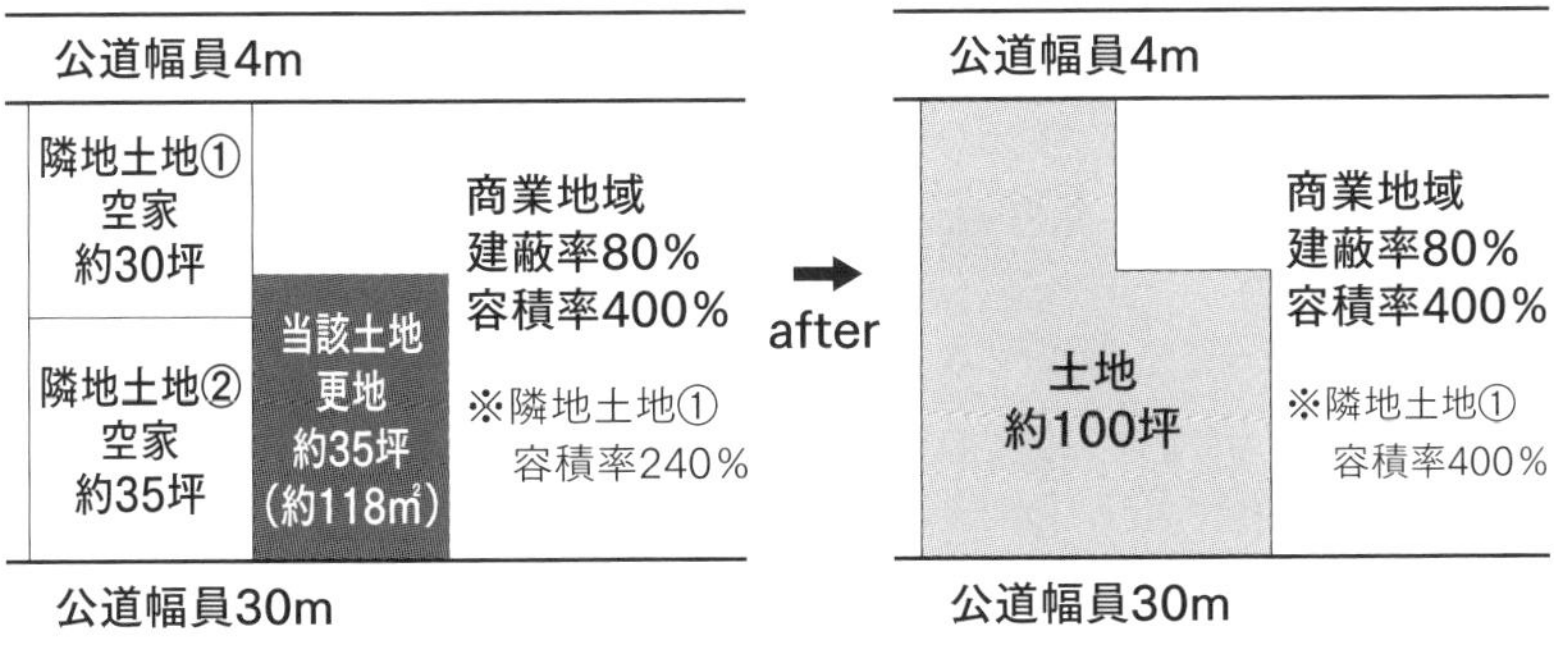

公道幅員4m
隣地土地①
空家
約30坪
隣地土地②
空家
約35坪
当該土地
更地
約35坪
（約118㎡）
商業地域
建蔽率80%
容積率400%
※隣地土地①
容積率240%
公道幅員30m

➡
after

公道幅員4m
土地
約100坪
商業地域
建蔽率80%
容積率400%
※隣地土地①
容積率400%
公道幅員30m

し35坪でエレベーターを設置すると部屋数がとれず、結果的には3階建ての一戸建てがせいぜいという評価になってしまいます。つまりこの土地単体ではせっかくの容積率400%、接面道路30メートルという条件を活かせないので、近隣相場の坪180万円はおろか売出価格の坪120万円でも売れないという状況に陥っていたのです。

■「100坪になれば坪185万円で買う」

この土地を媒介によって売却するよう依頼を受けた不動産会社は、隣接する2つの土地を合わせると100坪になることに目をつけました。100坪あればワンルームマンション業者が買い取ってくれるという読みがあったからです。一般的にワンルームが50部屋できればワンルームマンション用地として採算がとれるといいます。一部屋の面積を23平米とすれば100坪（330平米）の敷地には57部屋のワンルームマンションができる計算になります（居住用の場合共用部分は計算に入れない）。

事前にマンション業者に話を通して100坪になれば相場より5万円高い坪185万円で買うという購入申込書をとりました。その上で隣地の登記簿謄本をとり、所有者2人に「いっしょに売りませんか」と声をかけたのです。

もちろん坪185万円という単価もこのとき話しています。ただ「売りませんか」と声をかけるだけなく、相場を超える坪単価を提示できたのも、この話が早期にまとまった理由のひとつといえます。

また土地①は接面道路が4メートルしかなく容積率も240%と低かったので、単体で売却するとすれば坪単価はさらに低くなったはずです。それが隣地といっしょに売却することで坪単価も高くなったわけですから、二つ返事で売却を承諾してくれました。

売買契約書に不可分一体取引の特約を付ける

こうして2年の間、坪120万円でも売れなかった土地が坪185万円で売却できたのです。売買契約時には端数をまるめて6400万円での売却になりました。

ちょっと実務的なことになりますが、ここで注意したいのは、こういうケースでは売買契約書を作成する際に「不可分一体取引の特約」と呼ばれるものを締結します。つぎにその条文の例を載せておきます。これはこの売買契約が隣接地の売買契約と不可分一体となった取引であることを明らかにしています。そしてもし隣接地の売却契約が解除された場合は、この契約も解除されると明記されています。さらに代金決済も同じ日に行われます。

①本契約は甲と乙が隣接地の別途契約と不可分一体の取引であり、万が一第○条の代金決済時までに甲および乙の責に帰すことができない事由により、隣接地の別途契約が解除となった場合、本契約は白紙解除とする。
②本条1項の隣接地の別途契約における対象不動産の売買代金決済および引き渡しは、本物件と同時に行うものとする。

■建て替えできない土地が建売用地に変身

もうひとつ例を挙げておきましょう。先の例はマンション用地としては狭すぎる土地を隣地といっしょに売却することでマンションデベロッパーに相場より高い値段で売却できた例でした。ここで紹介するのは、文字通り狭すぎて駐車場ぐらいしか利用法がない土地を隣地と一体で売却することで建売住宅地として甦らせた例です。

左側の土地の所有者から売却相談がありました。土地面積は約40平米ですが私道提供部分を含むので実質は31平米（約9坪）しかありません。接道条件は満たしているので空き家を壊して再建築することは可能ですが、実際に販売用の新築住宅を建てるには狭すぎます。単体で利用すると、駐車場ぐらいにしかならない土地です。この地域での駐車場の相場月額1・7万円と空き家の解体費120万円を考えると売却できて280万円といったところです。それでも長い間、買い手はつきませんでした。

そこで先の例と同じように隣地の所有者に声をかけるという手段をとりました。登記簿謄本をとり、右側の所有者に会いにいき「いっしょに売りませんか」と話を向けました。

このときは左の土地の所有者から相談を受けた不動産会社が建売用地として買い取る算段をしていたので、隣地の所有者には、単体で買い取る場合の価格と、隣地といっしょに買い取る場合の価格を示し、選択してもらうという形をとりました。実質7坪の隣地に対して前者が180万円、後者が470万円という額を提示しました。

その後、とんとん拍子に話は進み、古い空き家と倉庫が並んでいた狭小地は約55平米の宅地として甦り、左側の土地所有者は280万円でも売れなかった土地を730万円で買い取ってもらうことができたのです。

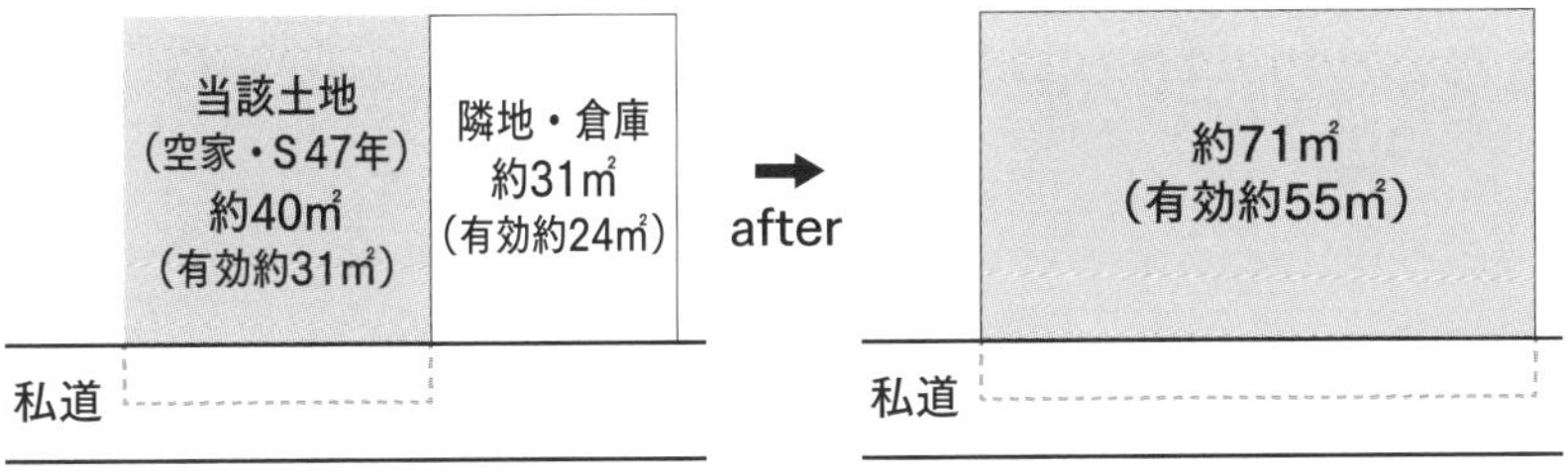

■「隣に買ってもらう」のはハードルが高い

隣地と一体で売却する（利用する）という発想は、狭小地だけでなく三角形や長細い土地など変形地の場合もいけると思います。

気をつけたいのは「隣に買ってもらう」という発想と間違えないことです。このケースでも隣地の所有者は倉庫の有効利用や建て替えに積極的であるようには見えなかったということなので、もし隣に買ってもらうという発想で動いていたら話はまとまらなかったでしょうし、もしまとまったとしても相場の280万円を下回っていたでしょう。隣地の所有者にしても「相場より安いから」買うという判断になるわけで、決して相場より高くは買ってくれません。

もうひとつ気をつけたいのは不動産会社の営業マンの中には、こうした「隣地といっしょに売る」という経験もなければ発想もない人が少なくないことです。

最初に挙げた土地をまとめてマンションデベロッパーに買ってもらうという発想は、実際にやったことのある営業マンでないと理解できないかもしれません。ですからこの「隣地をいっしょに高く売る」という裏技をうまく使うには、この裏技を理解し、協力してくれる不動産会社や営業マンを見つけることが大切です。

もし「隣地と一体で売れないか」というあなたの相談を鼻で笑うような営業マンがいた

ら、その不動産会社との関係は、そこまでにした方がいいでしょう。

02 旧耐震マンションでも「フラット35」が使える裏技とは

あなたのマンションの耐震基準は？

あなたご自身がお持ちの（あるいはお住まいの）マンションの耐震基準はどうなっていますか？

もし「新耐震基準に適合している」と即答できる人は、ここは読まなくてもいいかもしれません。

もしあなたが1981年（昭和56年）より前に建築されたマンションを所有していて耐震基準について即答できないとしたら、ここは読む価値があるでしょう。

建物にはある程度大きな地震がきても倒壊しないように定められた基準があります。これを耐震基準といいます。この耐震基準には「旧耐震基準」と「新耐震基準」があります。新耐震基準ができたきっかけは1978年（昭和53年）に起きた宮城県沖地震でした。震度5を超えるこの地震で建物の倒壊など大きな被害が出たため1981年（昭和56年）6月から新耐震基準が適用されることになりました。

旧耐震基準は震度5の地震で「倒壊しない」ことを基準にしています。それに対して新耐震基準では①震度5レベルの地震ではほとんど建物が損傷しない②震度6以上の地震でも倒壊しないことが基準になりました。

このためとくにマンションの場合、旧耐震基準しか満たしていないマンションと新耐震基準を満たしたマンションでは、同じ中古マンションでも売却しやすさが違ってくることになりました。

まず銀行ローンですが、旧耐震マンションは担保としての評価が低くなるため組めるローンの額が新耐震基準のマンションより低くなります。そのため売却価額の手頃感からあなたのマンションが気に入ってくれた買主と売却交渉がうまく進んだにもかかわらず、希望額の銀行ローンが下りずに契約頓挫することが起きるかもしれないのです。

■耐震基準適合証明はとれるか？

また住宅ローン控除を使えるかどうかという点でも、旧耐震マンションは不利になります。住宅ローン控除が使える条件のひとつに「耐震基準適合証明がとれること」があります。耐震基準適合証明がとれるかどうかの基準は、ざっくり言ってつぎの3つです。

①新耐震基準かどうか
②耐震診断を実施しているかどうか
③耐震改修工事を実施しているかどうか

新耐震基準を満たしていれば、まず問題なく耐震基準適合証明はとれると考えていいでしょう。問題は旧耐震基準マンションが耐震基準適合証明をとれるか、です。これについては②と③を満たしていればとれる可能性があるといえます。

1981年（昭和56年）より前に建てられたマンションでも、耐震性能が新耐震基準と同等と認められれば耐震基準適合証明書が取得できるのです。それには、耐震診断をして耐震性能を確認する必要があります。その結果、耐震性能が新耐震基準を満たしていないと分かれば、耐震改修工事を実施して新耐震基準を満たし、耐震基準適合証明書を取得できる可能性があるのです。

つまりあなたの所有するマンションが旧耐震基準で建てられたマンションであったとしても、過去に耐震診断や耐震改修工事を行っていれば耐震基準適合証明を発行できる可能性があることになります。このあたりの経緯について持ち主であるあなたは、マンションの管理組合に問い合わせて確認できるはずです。あなたご自身がお持ちの（あるいはお住まいの）マンションの耐震基準について正確に知っておくことは、いざ売却となったとき買主にとって貴重な判断材料を提供することになり、早期成約につながると思われます。

■フラット35適合証明と耐震基準適合証明は別のもの

ようやく「フラット35」の話までつながりました。フラット35は住宅金融支援機構が提供する最長返済期間35年の全期間固定金利型の住宅ローンです。35年間という長期の返済が可能でしかも固定金利というメリットが強調されがちですが、銀行ローンなどほかの金融機関とくらべてつぎのような独自の特徴を持っています。

①勤続年数1年でも利用できる
②固定金利なので審査金利が低い
③会社経営者でも源泉徴収票で審査してもらえる
④親子リレーが可能
⑤2、3回の返済遅れも猶予の可能性がある

このように一般の金融機関の住宅ローンでは難しいといわれている属性を持つ人に優し

いといえそうです。フラット35が「住宅ローンの最後の砦」といわれるのも、こうした点からきています。つまりあなたのマンションを売却する際にフラット35が利用できれば、買主の幅がぐっと広がり、より売却しやすくなるというわけです。

そこで問題になるのが「フラット35適合証明」です。これはあなたのマンションがフラット35を使うために住宅金融支援機構が定める技術基準に適合していることを示す証明のことです。その内容については後に概観しますが、まず押さえておいてほしいのは、このフラット35適合証明と先ほど解説した耐震基準適合証明とは、まったくの別物だということです。ここは大事なポイントです。不動産会社の営業マンの中にも、混同している人が少なくありません。そういう人は、旧耐震基準のマンション＝耐震基準適合証明がとれない＝フラット35が使えない、という風に短絡してしまうのです。

■フラット35適合証明書発行ができるか否かの判断基準は？

繰り返しになりますが、耐震基準適合証明と同じで、最終的には専門家へ依頼することになりますが、あなたご自身の所有するマンションですから、まずは管理組合に問い合わせて、フラット35適合証明書が発行できるのかどうか確認してみるのがいいでしょう。

一般的にはつぎの項目をチェックしてください。

①20年以上の長期修繕計画書がある

②管理規約がある

③新耐震基準を満たしている

築50年を超えるような古いマンションでは長期修繕計画書がない場合もあります。あったとしても15年、10年といった短期の計画書ではダメです。管理規約がないマンションも確実にアウトです。

問題は③の新耐震基準を満たしている、という部分です。

旧耐震マンションの場合には住宅金融支援機構の定める基準を満たしていることが確認できれば適合証明書が発行できます。それには機構の定める基準を満たしているかどうかを確認するため、新築時の設計図書等が必要になります。これらは一般的に管理人または管理組合の理事長が保管しているため、あなたのようなマンションの所有者であれば閲覧できるはずです。また一般的に旧耐震マンションの場合は書類をそろえて専門家に確認しないと適合証明書の発行可否は判断できませんが、あなたのような立場であれば過去の売却例などからも判断はつくのではないでしょうか。

フラット35適合証明や耐震適合証明の有無を明確に

このように買主の側からは判断が難しいフラット35適合証明や耐震適合証明の有無を明確に物情報として提示することで、あなたのマンションは格段に売却しやすくなるといえます。

フラット35が利用できれば、銀行ローンを意識して価格を低めに設定する必要もなくなりますし、リフォームをするなどした場合も、リフォームコストを売却価格に上乗せしやすいと言えます。売主であるあなたが耐震基準についてきちんと知ることで、より高い価格での売却が可能になるのです。

03 ある目的に特化した売却方法を試してみる

「旧耐震」だからこそ必要な強気のリノベーション

先にあなたご自身がお持ちの（あるいはお住まいの）マンションの耐震基準はどうなっていますか?とおたずねしました。

もしあなたのお持ちのマンションが新耐震基準を満たしておらず、フラット35適合基準にも適合していないとしたら、どうなるのでしょうか。高額での売却はあきらめなければならないのでしょうか。

ここでは築年数が古く不動産としての評価も低くなりがちの「旧耐震基準マンション」を少しでも相場より高く売る方法を考えてみましょう。

ポイントは「ある目的に特化した売却方法を試してみる」です。

もう少し具体的に言うと、あなたのお持ちの旧耐震マンションという、ともすれば不動産としての評価が低くなりがちなマンションに、明確なコンセプトを持ったリノベーションを施すことで価値を高め、しかも売却対象者を絞り込み、スムーズな売却につなげようというものです。

独身者をターゲットに「ビンテージ・リノベーション」

写真は独身者をターゲットに「ビンテージ・リノベーション」と銘打って、あえてコンクリート打ち放し、むき出しの配管など最近一部で人気の高いビンテージな雰囲気を強調したリノベーションを施しました。

間取りはリビングを大きくとり３ＤＫを１ＬＤＫにしているのもポイントです。

リノベーションコンセプトは・・・
1LDKの空間を広く使い、遊び部屋感を演出する！

夫婦2人の暮らしを楽しむ部屋をコンセプトに

つぎのプランは何の特徴もない古いマンションをフルリノベーションし、ホームパーティーも十分楽しめる22畳のＬＤＫと12畳のプライベートルームを持つシックなマンションに変身させたものです。

各部屋の色調をシックなダークブラウンに統一、ＬＤＫには１００インチのプロジェクターを設置するなど社交的なご夫婦の日常に潤いを与えるアイテムを付け加えることでビンテージな雰囲気を演出しています。

■ペット住宅に特化して愛犬家にターゲットを絞る

前章でも少し触れましたが、ペットを意識したリフォームやリノベーションを積極的に行い、それを全面に出した売却戦略をとると、愛犬家を中心に確実に反応があるといいます。この戦略は再建築不可物件のようにハンディを抱えた物件をスムーズに売却したい場合にも効果がありますが、相場より少しでも高く売りたい、あるいは確実に早く売却したいというときにも効果があります。

この物件のリノベーションの特長は、まず足洗い場を玄関の内外につくったことと、そこにペットの毛を乾かすためのドライヤー用コンセントを設置したことでしょう。洗い場までは考えついても、コンセントまでは頭が回らないことが多いでしょう。

またLDKには愛犬と常にいっしょにいられるように専用のケージをあらかじめつくり付けにしました。2階にもペットルームを設けるとともに、障子で仕切ることのできる小上がりになった和室を設えることで、ペットの毛が舞い上がっても、ここだけは大丈夫といった空間を確保しました。

壁面は消臭効果のある黒炭を練り込んだ漆喰仕上げにし、防臭を考えました。

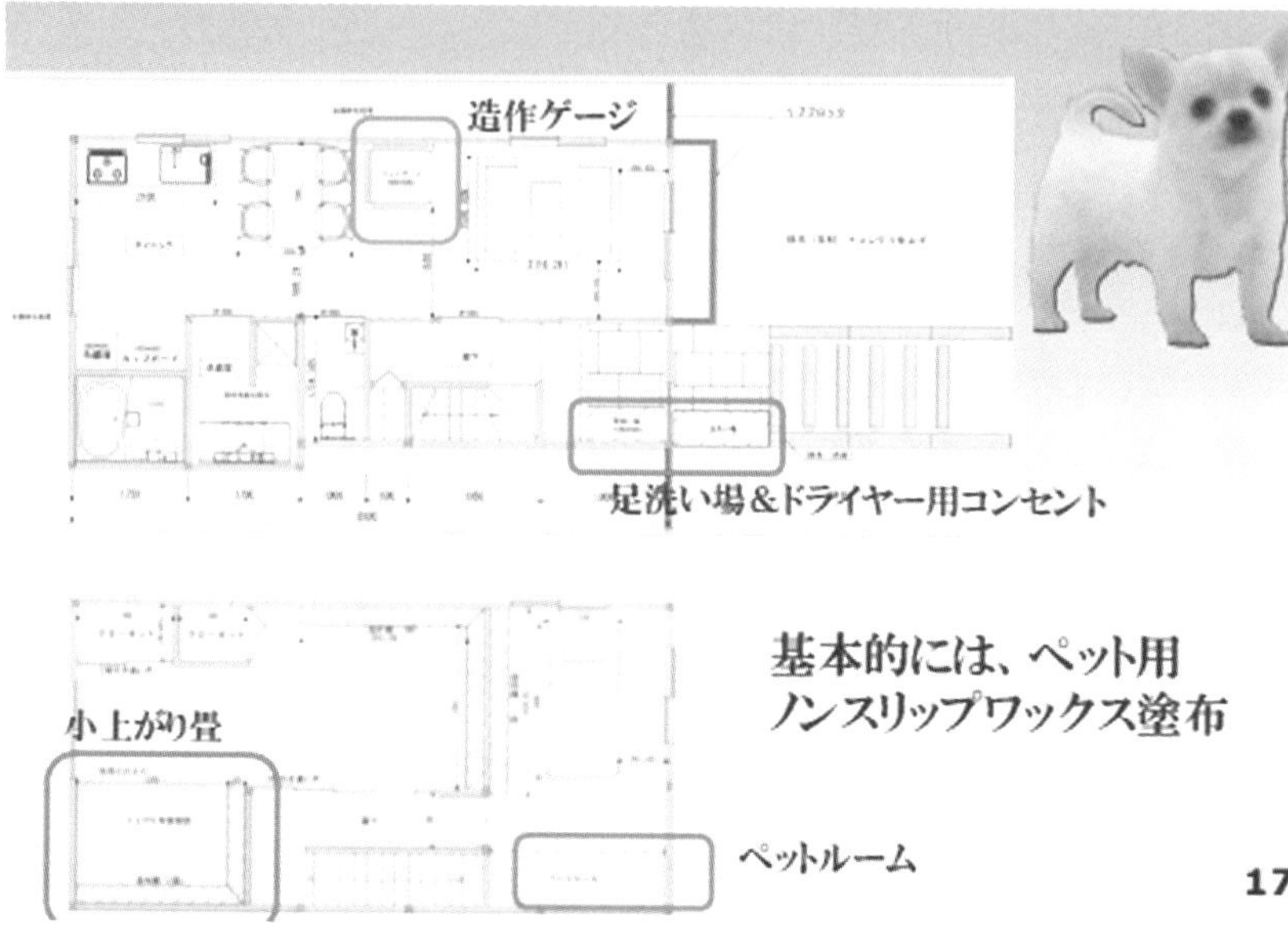
造作ゲージ
足洗い場＆ドライヤー用コンセント
基本的には、ペット用
ノンスリップワックス塗布
小上がり畳
ペットルーム
17

毛が舞い散っても寝室は安心！

敷地が広い郊外や地方なら庭をドッグランにする手もある

ここまで徹底した愛犬家住宅へのリフォームには踏み込めないという人にお勧めなのが、庭にドッグランを設けるという方法です。

つぎに紹介するのは都心から少し離れた場所にある一戸建ての住宅をリフォームした例です。

増築に増築を重ねて建蔽率も容積率もオーバーした物件でしたが、庭にウッドチップを敷き詰め、ペットの洗い場とペットケージを設えることでペット住宅に変身しました。

玄関の横にはペットの足洗い場を設置

庭はウッドチップを敷き詰めドッグランに

04 最新の不動産売却方法を試してみる

■SNSを使った近未来の不動産売却とは

いまやSNSの時代です。YouTubeなどを見ると、いろんな人があらゆるものを動画にしてアップしています。ですから不動産の売却にもSNSを使う時代がもうすぐそこまできています。ここではSNSを使った近未来の不動産売却の様子を想像してみましょう。

近未来の不動産取引では、たとえば自分で自宅の動画をとり、それをアップしてお客様を集めることは常識になっています。そして、そこには自分の住んでいる家だからこそ伝えられるユニークなキャッチフレーズが並んでいます。

当たり障りのない温和しい（おとなしい）キャッチコピーしかついていない現在の大手不動産会社の売出コピーとは大違いです。

因みにある不動産会社に「大手の不動産会社に売却を頼んだが、まったく売れない」と言ってお客様が相談に見えたそうです。その物件は奈良にありました。たまたま薬師寺が遠望できることに気づいた担当の営業マンが「薬師寺が見える家」というキャッチコピーを付けてチラシを撒くと、あっという間に成約したそうです。

話が少しそれましたが、近未来の不動産取引では、自分の所有する不動産を売り出す際に、そのキャッチコピーを所有者自身が考えるのは、当たり前のことになっています。自分の家のよさをいちばんよく知っているのは所有者であるあなた自身だからです。

「浄水器付き」

「マンションだが風呂場に窓がある」

生活している人だから気がつくこうした具体的な特長が、買主の心をぐっとつかむこともあるのです。

自分でリフォームのアイディアを出す楽しさ

また、そこには自分でアイディアを出す楽しさもあります。

リフォームも業者の言うなりに任せるのではなく、SNSを使って売り出す際のキャッチフレーズを考えながらアイディアを練っていくので方向性も固まりやすいのです。だれでもがほしがる家ではなく、ある一定の層に強くアピールするキャッチコピーを考えていきます。

たとえば庭が広ければ、「愛犬家必見、庭はドッグランに」とか、通路の広い家なら「介護のできる家」と言い換えてみます。キッチンが広ければ「料理好きのための家」という具合です。

いまは売主であるあなたのアイディアをリフォームやリノベーションに活かすには、越えなくてはならない壁がたくさんあります。

まず大きな障害となるのが資金面の制約です。また専門のリフォーム業者に意図をうまく伝え、アイディアを形にするのもなかなか難しいです。また画像の撮影も、あなたがプロ並の撮影技術と感性を持っていれば別ですが、人によっては大きな壁となる場合もあります。

しかしいまは障害になっているこうした問題も、近未来では現在の不動産会社が形を変えて売主をサポートする体制を整えているかもしれません。

実際にいまでも自分のアイディアを活かしたい売主さん向けにリフォーム費用の立て替えを行うサービスや、チラシ撮影用の家具などを貸し出す（ステージング）サービス、クリーニングサービス、撮影そのものを行うサービスをしている不動産会社もあります。

■VRを使った不動産売却が主流に!?

SNSを利用した不動産売却が普及していく上でポイントになるのは、VR（バーチャルリアリティー）の利用でしょう。

VR（バーチャルリアリティー）とは、専用の360度撮影用カメラとソフトウエアを利用して、離れた場所の詳細な画像を、まるで自分がそこにいるかのように確認できる技術のことをいいます。

たとえば三重県の端にある物件を奈良にある不動産会社が預ったとしましょう。一度現地に不動産会社の担当者が足を運び、外観と内部の映像をVRで撮影してしまえば、あとは買受希望のお客様にネットを介してURLを渡してしまえば、リモートで建物を実際に内覧するのと同じように見てもらえるのです。

VRを撮影し配信するシステムにはさまざまなものが現在でもありますが、撮影にはスマホ感覚で1時間ほどあれば十分です。中には配信先の買受希望者がその物件を何度見たかも分かるようになっているものもあります。それを確認すれば、そのお客様がどの程度乗り気になっているか分かる仕組みになっています。

VRとネット環境があれば、日本中どこにいても内覧してもらうことが可能になるのです。いまや不動産会社の営業マンにとってVRは、不動産の営業を行う上で、なくてはな

らないアイテムとなっています、

最近ではYouTubeを使って外国人、とくに中国人相手に日本の不動産を積極的に販売する不動産会社も出てきています。こうした流れが加速していくと、YouTubeの動画やVRの画像だけで不動産を売買するというのも当たり前になってくるかもしれません。

■「メルカリ」のように個人が不動産を売る時代がくる⁉

このようにSNSなどを使った不動産の売却がどんどん進化していくと、やってくるのはあの「メルカリ」のように、個人が気軽に不動産をネットで販売する時代かもしれません。

身の回りでいらなくなったものや、趣味でつくった品々を自分で撮影し、気軽に売買できるメルカリは凄い人気ですが、あの感覚が不動産の売買にも、持ち込まれる時代がすぐそこまできているかもしれません。

もちろん不動産の売買はさまざまな法律によって厳しく規制されていますから、そんな簡単にいくはずがない。そう思っている読者も多いでしょう。

しかし不動産会社がメルカリを運営している会社のような立場になって、不動産のネット売買をコントロールするようなシステムができれば、どうでしょうか。あながち夢物語とも言えない気がしてきませんか。

不動産が自分でつくった写真や動画で売れる時代がくるのです。そうなるととくに地方の物件など、現在は売却にしくいといわれている物件がもてはやされるようになるかもしれません。また個人のとった画像が思わぬ効果をあげることもあるかもしれません。

因みに最近では和式便所の映像が海外の人に受けるようです。

こうなると不動産としての価値もお客様が決める時代がくるかもしれません。

CHAPTER 8

売却以外にもある
空き家と土地の活用法

本書はここまであなたご自身が所有されている不動産の売却法についてさまざまな角度から解説してきました。もうお気づきだと思いますが、不動産で収益をあげる方法は売却だけではありません。むしろ売却以外の方法の方が、長期間に渡って収益をもたらしてくれるという点で、場合によってはあなたにとって有利かもしれません。最後に空き家と土地に絞ってその活用法を概観してみます。

01 空き家の活用

空き家率が過去最高を更新

増え続ける空き家

2018年（平成30年）の住宅土地統計調査によると空き家は846万戸、空き家率は13・6%となり、いずれも過去最高でした。

この住宅土地統計調査は国土交通省が5年毎に行っているもので、前回2014年（平成26年）とくらべると空き家の数は26万戸増えています。

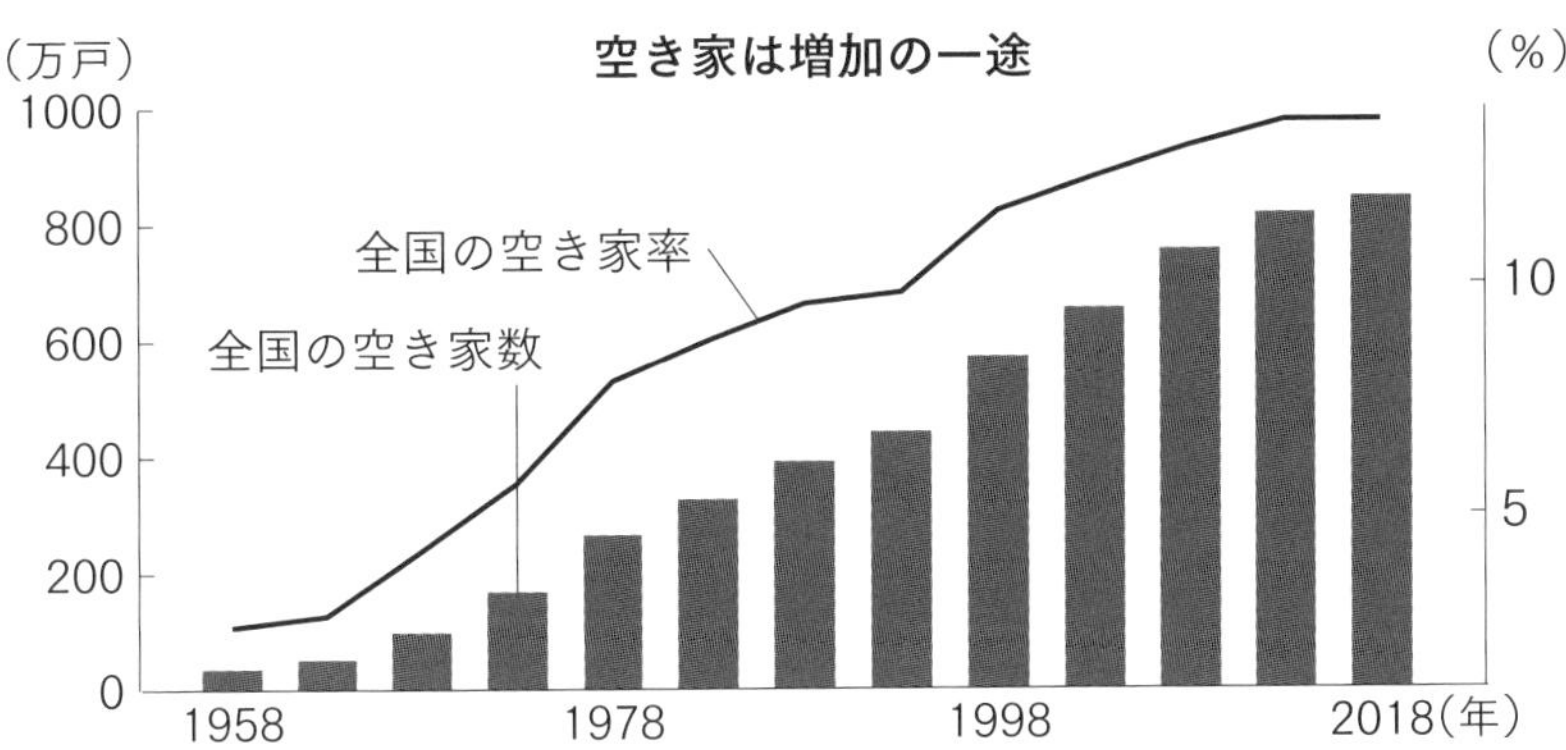

注：1968年以前は沖縄県を含まない
出所：日本経済新聞社　2021年5月29日

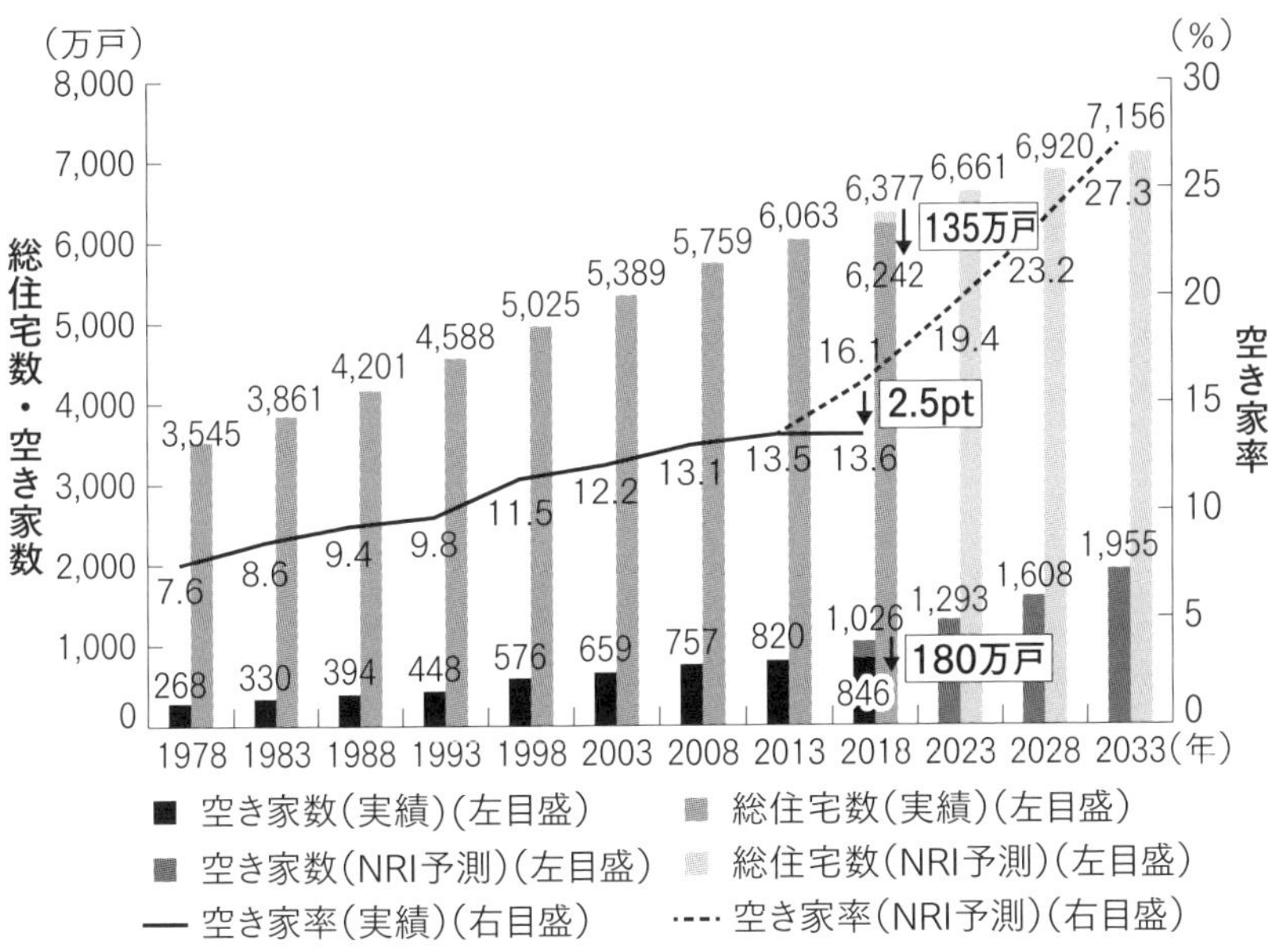

出所：実績値：総務省「住宅・土地統計調査」　予測値：NRI

空き家とは、居住世帯のない住宅（今回は876万戸）から工事中の住宅の数を引いたものをいいます。

また空き家率は総住宅数（今回は6242万戸）に占める割合をいいます。

■空き家はなぜ増えるのか

日本の空き家数は一貫して増え続けています。2018年には空き家数846万戸、空き家率13・6％に達しましたが、野村総研が発表した今後の空き家数予測をみると、2023年には空き家数1293万戸、空き家率19・4％に、2028年には1608万戸空き家率23・2％となり、2033年には空き家数1955万戸、空き家率27・3％に達するとされています。

こうした状況の中でも住宅総数は依然として右肩上がりが続きます。

一方、日本の人口はすでに減少に転じています。住宅総数と密接に関連する世帯数も、ついに2020年から減少に転じました。2048年には日本の総人口は1億人を割ると予測されています。

日本の人口はもちろん世帯数も減少するのに住宅の増加は続くわけですから、空き家がこの先増加の一途をたどるのは当然のことといえます。

空き家は年々増加

景観の悪化、防犯・防災上の不安等

少子化、都市部への人口集中

益々、大きな問題になる

2004年　人口　ピークから減少続く（1億2700万人）
2020年　世帯数が減少に転じる
2048年　1億人割る（9913万人）

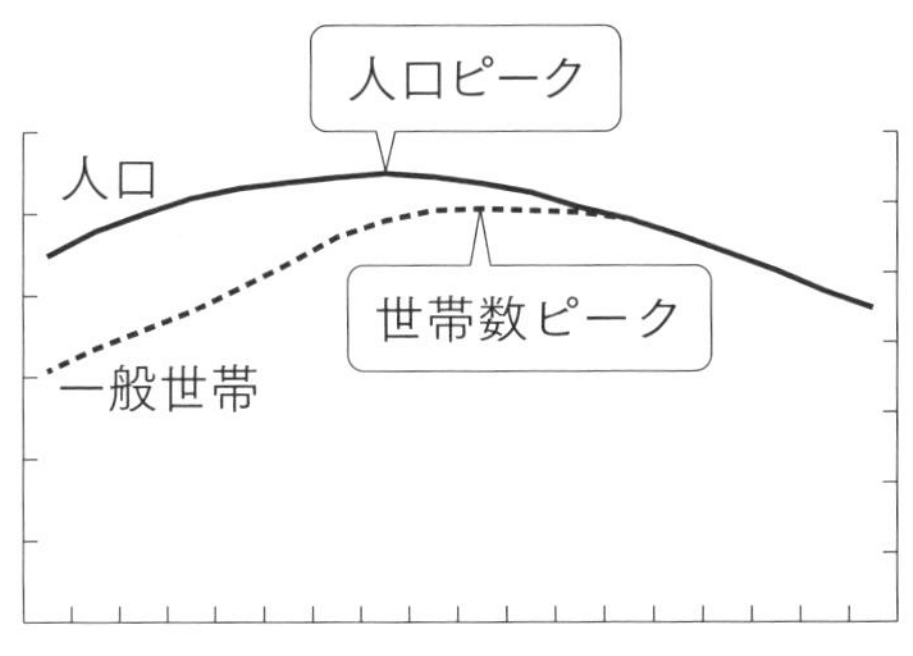

日本の人口2004年
127,790千人をピークに減少

2030年　11,662千人
2048年　9,913千人
2060年　8,674千人

世帯数も2020年から減少に転じる。

65歳以上人口割合　約40%

住宅増加、人口、世帯数減少により空き家増加

■深刻な空き家問題

空き家が年々増加すると、管理が行き届かないものも増え、景観の悪化や防犯防災上の不安など、さまざまな問題が発生します。

とくに人口の減少が著しく住宅市場が縮小している「地方」では、空き家問題は、より深刻です。「コロナ禍」で、都市部への人口集中が鈍化したという報道もありますが、まだまだ一部の現象です。依然として都市部への人口集中は続くでしょう。地方では、ますます空き家問題が深刻になります。

あとで詳しく見ますが、コロナの前は外国人の旅行客の宿泊需要、いわゆるインバウンド需要が急激に増加したことで、空き家を民泊などに転用してうまくやっていた事例もあったのですが、いまは民泊の稼働率はゼロに等しい状況です。以前は民泊をやっていましたが、2021年の段階では、うまくいかないという声をよく聞きます。売却用あるいは賃貸用の民泊物件を預かっている不動産会社も少なくありませんが、コロナの終息を見越して、いまはなんとか通常の賃貸で凌ごうとしている大家さんが多い状況です。

■放置空き家がもたらす被害

放置された空き家がもたらす被害にはどんなものがあるでしょうか。

まず老朽化による倒壊の危険があります。とくに木造建築などの場合、ひどい状況で放置されているものが見受けられます。こうしたものは行政による代執行ができるようになり、その費用は持ち主に請求されることになります。

また老朽化した空き家は、周辺の町並みに景観の悪化という大きな損害を与えます。

一方、居住者がいない空き家は、さまざまな犯罪の温床になります。愉快犯による放火の対象になる心配もありますし、不審者がそこで寝泊まりすることで周辺の治安を悪化させる恐れもあります。以前空き家で大麻草を育てていた人が検挙される事件がありました。また広島の刑務所を脱走した受刑者が空き家に潜んでいたという報道もありました。

1. 老朽化による倒壊
2. 景観の悪化
3. 放火による火災
4. 不審者による治安悪化
5. 雪の重みによる倒壊や落雪

■空き家を放置すると固定資産税が6倍になる

このように放置空き家がもたらす被害が問題視されたことから、「空家等対策の推進に関する特別措置法」（いわゆる空家等対策特別措置法）が2014年（平成26年）11月に成立しました。翌2015年（平成27年）5月に施行されたこの法律によって、それまで所有者の許可なく立ち入ることのできなかった空き家に行政が立ち入り、調査の上適切な管理の指導を行うことができるようになりました。また適切に管理されていない空き家については「特定空き家」に指定できることになりました。

これによって、あなたが空き家を所有していた場合、適切に管理をしていないと、特定空き家に指定される可能性が出てきました。

特定空き家に指定されると、行政が行う助言や指導、

「固定資産税」「都市計画税」がかかる。

区分		固定資産税	都市計画税
空き地（更地）	何も建物が無い状態	課税標準の 1.4%	課税標準の 0.3%
小規模住宅用地	住宅1戸につき200平米まで	課税標準×1/6	課税標準×1/3
一般住宅用地	住宅1戸につき200平米を超えた部分	課税標準×1/3	課税標準×2/3

平成27年度から、特定空家等への「住宅用地の特例」適用が無くなった

勧告、命令に従わなくてはならなくなるだけでなく、固定資産税や都市計画税についてそれまで適用されていた「住宅用地への特例」から除外されることになりました。従来、小規模住宅用地（住宅一戸につき200平米まで）は6分の1、一般住宅用地（住宅一戸につき200平米を超えた部分）は3分の1に減税されていた固定資産税は元の課税標準の適応を受けることになりました。その結果、空き家を放置すると固定資産税は最大6倍、都市計画税は最大3倍になることになったのです。

住宅を取得した経緯

放置される空き家が増える背景には、空き家の取得理由の半数以上が「相続」にあるという点を無視することはできません。

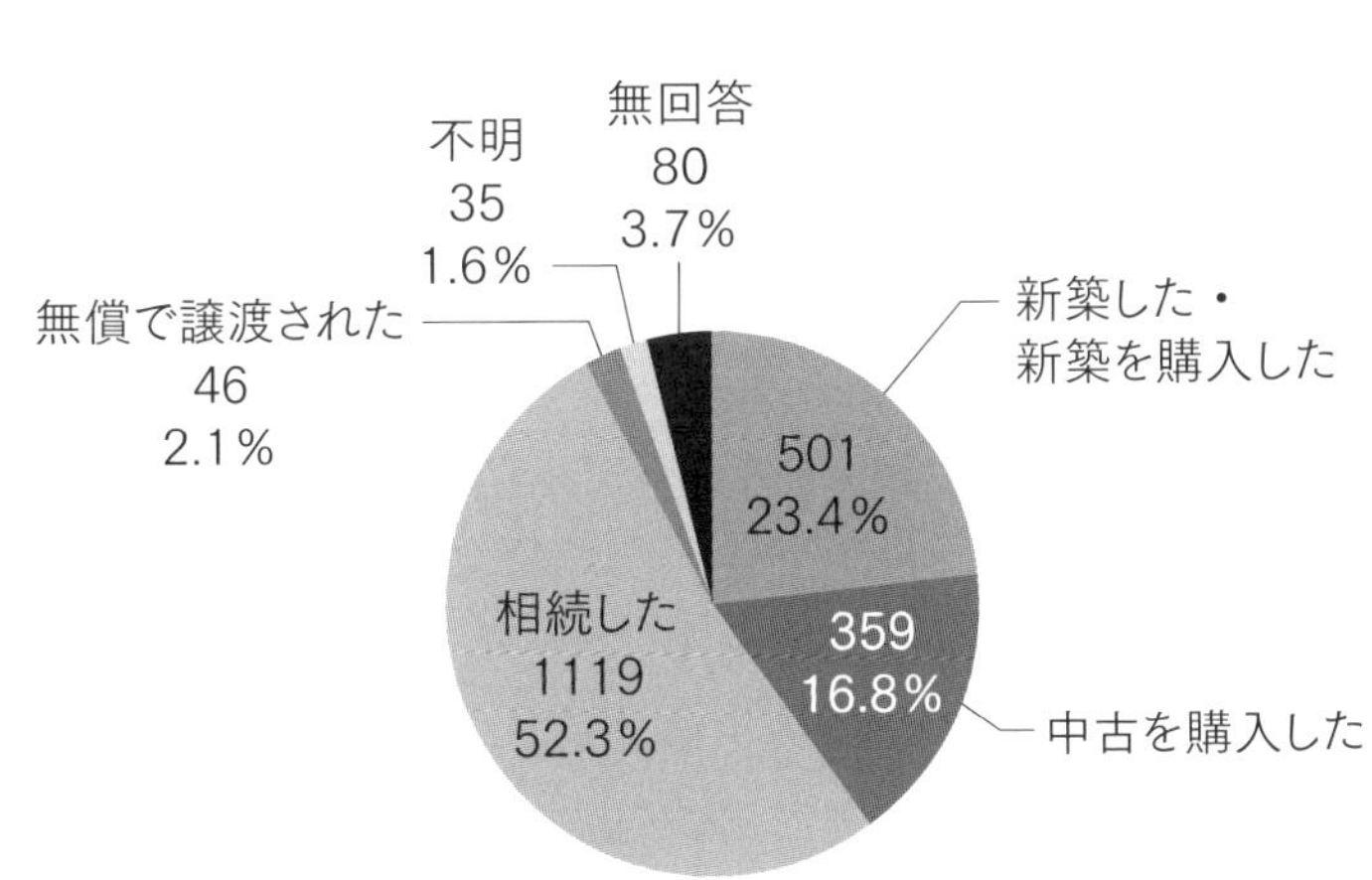

出所：国土交通省　平成26年度空家実態調査

国土交通省が発表した「平成26年度空家実態調査」によれば、空き家を所有することになった理由として「相続した」を挙げた人が52・3％と半数以上に上ったということです。これは「新築した・新築を購入した」の23・4％、「中古を購入した」の16・8％を大きく上回っており、この2つを足しても購入した人の割合は40・2％で、相続の52・3％には届きません。

つまり空き家を所有している人の半数以上が積極的に購入したのではなく、自分の意思とはいわば無関係に所有してしまったというわけです。これでは所有した建物・土地をどう利用するか考えがまとまらないのも仕方のないことかもしれません。また相続の場合、兄弟姉妹との共有になる場合が多く、活用法を自分の意思だけでは決められないという事情を抱えている人も少なくないようです。

こうしたことから空き家は放置されがちになるのだと考えられます。

02 空き家対策には4つの方法がある

迷ったあげく放置がいちばんダメ

とはいえ「相続」で取得した住宅は居住しないのであれば、売却や賃貸など早めの対策が必要です。

相続で住宅を取得した人の中には、どうすればいいか困ってしまう人も少なくないようです。不動産屋に相談しようと思っても「だまされるんじゃないか」と二の足を踏む人も少なくないようです。「どうしよう」「どうしよう」と迷ったあげく放置してしまう。これがいちばんいけないのです。

空き家対策の方法としては、「売却する」「賃貸する」「空き家管理を利用する」「そこに住む」の4つの方法が考えられます。まず順番にざっと見ていきましょう。

売却する

不動産会社が空き家を相続した人から受ける依頼でもっとも多いのは売却です。というよりいろいろ迷ったあげく空き家対策のために不動産会社のドアを叩く人のうち、売却以外の方法での対策を思いつく人は、ごくまれな印象を受けます。

あなたがもし相続した土地・建物を空き家で放置している場合は、本書を読んで売却以外にも活用の方法がいろいろあることを知ってほしいと思います。

①空き家のまま売却

まずご両親の遺品や仏壇など、以前暮らしていたままで売却することができることを知ってほしいと思います。空き家のまま放置するのがよくないことは分かっているが、売却の前にまず遺品整理をしなければと考える人が多いのですが、それが億劫で結局放置してしまう結果になりがちです。それなら不動産会社に、そのまま売却する方がいいと思いませんか。不動産会社は遺品整理や仏壇の供養など、専門業者に任せますから安心できます。あるいは媒介による売却を依頼する場合は、遺品整理業者を不動産から紹介してもらうという方法もあります。

いずれも費用はかかりますが、遺品整理が億劫で空き家を放置してしまうよりはご先祖様も喜んでくださるだろうと思います。

②解体して売却

よく「更地にして売却した方が高く売れますか」と聞かれることがありますが、解体業者に特別のコネクションがあって相場より極端に安い費用で解体できるのなら別ですが、不動産業者に買い取ってもらう場合は、解体費も加味して査定・買取してくれますから、それほどの差はないと考えていいでしょう。手間を考えれば、そのまま売却した方がいいでしょう。

③賃貸し収益不動産として売却

現状の土地・建物では、売却条件が悪くて買取価格が不利になるような物件で使われるちょっと難易度の高い方法です。たとえば接道幅が狭くて再建築ができないような物件では、そのまま売却しようとすると査定は低くなります。そんなときは賃貸付けして入居者を入れ、その家賃収入から年間利回りを算出、それをアピールして少しでも高く売るという作戦をたてます。

■賃貸する

先にも触れたように相続した土地・建物の対策を相談に来られる人で、賃貸しようという発想を持っている人はまずいません。はじめて体験する人には土地・建物を第三者に「賃貸する」というのは、すごく大変なことのように見えるようです。確かに土地建物を第三者に賃貸するというのは、見方を変えれば不動産投資をはじめるということです。

しかし実際には、相続した空き家もあまり手をかけず表層部分、たとえば壁紙とか床を張り替えるなど、簡単にリフォームするだけで十分、賃貸することができます。

不動産投資をはじめるにはタイミングが重要ですが、親から土地・建物を相続したタイミングは不動産投資をはじめるタイミングとして絶好だと思うのですが、踏み切れない人も少なくありません。

空き家を賃貸するまでには、いろいろなことをやらなければなりません。ここで簡単に流れを説明してみましょう。

まず周辺の家賃相場を調べて平米単価を出し、それに建物の広さを掛け合わせると賃貸に出せるおおよその家賃が算出できます。リフォームが必要なら、それに合わせてどこまでリフォームするか検討します。そして借りる人を探して契約を結び、入居したあとは家賃管理や修理などの管理業務が発生します。

これらの仕事を全部自分でやろうと考えると大変ですが、こうしたことをサポートしてくれる管理会社という便利な存在もあります。賃貸借契約や家賃未払い保証保険、火災保険などの契約も代行してくれますし、入居後は借り主からのクレームに対応してもらうことも可能です。

管理会社をうまく利用すれば、はじめての人でも賃貸住宅のオーナーになることができ、不動産投資をはじめることが可能になります。

①居住用として賃貸する

これがいちばんオーソドックスな賃貸法です。こういう風に説明すると「こんな古い物件、他人に貸せるんですか」と逆にたずねられます。

古い物件でも内装に手を入れることで大きく変わります。たとえばお風呂を新しくする必要があるかというと、そこまでしなくても成約にいたります。初期投資にお金をかけ改装に時間もかけるよりは、ほどほどの内装で相場よりも安い賃料設定で賃貸するのもひとつの方法だと思います。何も完璧にリフォームする必要はないので、気楽にやってもらえばいいと思います。

リノベーション事例

最近は「和モダン」と呼ばれるオイルステイン仕上げを活かした古民家調のリノベーション物件が若者に受け入れられています。塗装とデザインクロスをうまく使うことで安価にデザイン性の高いリノベーションが可能になっています。

キッチンも必ずしもシステムキッチンにする必要はなく安価なブロックキッチンと呼ばれるタイプで十分です。安価にできるところは安価で押さえて家賃を相場より下げる工夫をすれば、賃借人はすぐに見つかるものです。

②店舗用として賃貸する

立地が適していれば、店舗用として賃貸するのは、賃料も居住用より高くとれる場合もあり、有効な戦略といえます。商業地でない場合も、デイサービス、福祉施設、地域サロンとして賃貸するのもいいのではないでしょうか。

③宿泊施設として賃貸する

民泊・簡易宿泊所として賃貸する方法です。民泊は前にも触れたようにコロナ前はよかったのですが、いまは雌伏のときです。インバウンド需要は必ず戻ってきますが、現状では

空き家のリノベーション賃貸事例　施行：クジラ（株）

普通に賃貸するのがいいでしょう。

④解体しコインパーキングにする

これもひとつの方法ですが更地にすると固定資産税が6倍になってきます。このあたりのことはつぎの土地活用でも触れていますので、それも読んで慎重に判断してください。

⑤借り上げてもらう（サブリース）

現状のままで不動産会社に借り上げてもらうという方法です。たとえば大手企業の遊休不動産を借り上げ、リノベーションした上で5年から7年運用し、再びその企業に戻すようなスキームで運用した例もあります。

空き家管理を利用する

いつかは売却するか賃貸するか決めるにしても、建物の老朽化は待ったなしです。人が住まなくなった建物は、どんど

空き家を管理する4つのメリット

1. 不動産としての**資産価値**を**維持**
2. **近隣**との**トラブル**を事前に**回避**
3. **損害賠償責任**を負う危険を**回避**
4. 経済的**負担軽減**

ん傷んでいきます。

そういう場合は不動産会社に「空き家管理」を依頼するという方法があります。1カ月に1度など定期的に担当者が訪れ窓を開けて空気を入れ替え、建物の点検をします。契約によっては定期的に草刈りをしたり植木の手入れをしたりするなど周辺の環境に配慮した管理も依頼できます。

そこに住む

現在住んでいる住宅を売却し、あるいは賃貸に出して、相続物件に住むというのもひとつの方法ではないでしょうか。

03 土地活用

■土地活用とは

土地活用とはあなたご自身が所有の土地をより有効に活用することです。言い方を替えると、土地活用とは土地の所有者が保有資産を増やしたり、保全したりすることを目的として、低利用地や未利用地を現状よりも有効に活用することだといえます。

土地活用を検討するきっかけ

一般の人が土地活用を検討するきっかけでもっとも多いのは相続でしょう。空き家を所有する経緯でも「相続」がもっとも多かったように、相続がきっかけで土地活用を検討することになったと相談を受けることはよくあります。

また、新たに土地を購入したからというのもよく耳にします。たとえば隣地が売りに出たので、とりあえず購入したというケースです。不動産会社も購入した土地を再販売する際は、まず隣の人に「買いませんか」と声をかけるのが鉄則になっています。

【土地活用を検討するきっかけ】

①土地を相続した

②新たに土地を購入した、**隣地を購入した**

③所有している建物(貸家・店舗など)が古くなった

④自宅を建て替えることになった

⑤農業をやめることになった

⑥事業をたたむことになった

⑦貸していた土地がもどってきた

⑧区画整理や再開発などで周辺環境が変わった

所有している建物（貸家・店舗など）が古くなったので、解体して更地にしようという話が持ち上がった際にも、その後、土地をどう活用していくかが検討されます。

自宅を建て替えることになったような場合も、敷地が広く、自宅部分だけでは広すぎるようなら土地活用を考えることになります。

また法律の改正などをきっかけに土地の利用法を検討せざるを得ないというケースも出てきます。たとえば農地法の改正で2022年から生産緑地が宅地に転用されるケースが増え、都市周辺でアパートが大量に供給されると話題になったことがありました。

また区画整理や再開発などで周辺環境が変わった場合も、当然、それまでの土地活用法を見直すきっかけになります。

それまで展開していた事業をたたむことになったので、店舗や事務所、作業所などの跡地をどう活用するかに将来の生活がかかってくることもあります。

逆に貸していた土地を使っていた相手が事業をやめることになるなど、貸していた土地が戻ってくることもあります。

■土地活用法

土地の活用法としては、やはり土地を売却するのが一般的です。

また土地をそのまま貸すという方法があります。地域や条件によっては事業用借地権としてコンビニの敷地に貸すという方法もありますし、普通の貸し宅地、貸し農園などとして貸してもいいでしょう。

そのほか、土地に何かを建てて貸すという方法もありますし、自ら使うのもひとつの方法でしょう。

■土地活用の目的

何を狙って土地活用を行うか。これも所有者の考え方次第といえます。

たとえば、長期的に安定した収益を確保したいというのであれば、アパートを建てるなどして賃料収入を得るという方法があります。

元手をかけずに収益を得たいというのなら、月極駐車場やコインパーキングなどが適しているかもしれません。

相続税や所得税などの節税効果を狙いたいという人もいるでしょう。ここでもアパートの建築などが引き合いに出されますが、ただこれは、その土地がある場所に賃貸住宅の需要があるのかどうか慎重に調査しないと思わぬ落とし穴があります。

そのほかにも、スムーズに資産承継をしたい、一定期間だけ貸したい、地域や社会に貢献したいなどさまざまな目的があります。

■土地活用の種類

土地活用には図のようにさまざまな方法があります。それぞれにメリット・デメリットがありますが、どれを選ぶかは、その土地の持ち主であるあなた自身に委ねられています。

■収益性、安定性、初期投資額で検討する

では多くの活用法の中から、どれを選んだらいいのでしょうか。

ここでは、収益性と安定性、初期投資額を軸に具体的な活用例を見ながら、解説していきます。

まず一般的に言って収益性が高いものほどリスクも高くなります。また初期投資額も多くなりま

【土地活用の種類】

アパート経営	自宅利用
マンション経営	別荘利用
戸建賃貸経営	売却
賃貸併用住宅	自動販売機設置
サービス付き高齢者住宅経営	広告看板設置
事業用賃貸経営(テナント経営)	コインランドリー
駐車場経営	墓地
トランクルーム(貸し倉庫)	太陽光発電
	借地

すから、銀行からの借り入れも必要になってきます。

たとえばあなたが所有する土地で駐車場の経営とアパート経営、さらにはコンビニなどの商業施設を経営する場合を見てみましょう。

もっとも収益性の低いのは駐車場の経営ですが、初期投資が低く抑えられるので、アパート経営や商業施設経営にくらべて、はじめやすいというメリットがあります。

逆に商業施設の経営やアパート経営は収益性は高くなりますが、自己資金だけで建物を建てられる人は多くはありませんから、初期投資額の大半を銀行借り入れする必要が出てきます。また商業施設やアパート経営には独自のノウハウも必要です。

こうした点を十分考慮した上で、どこにポイン

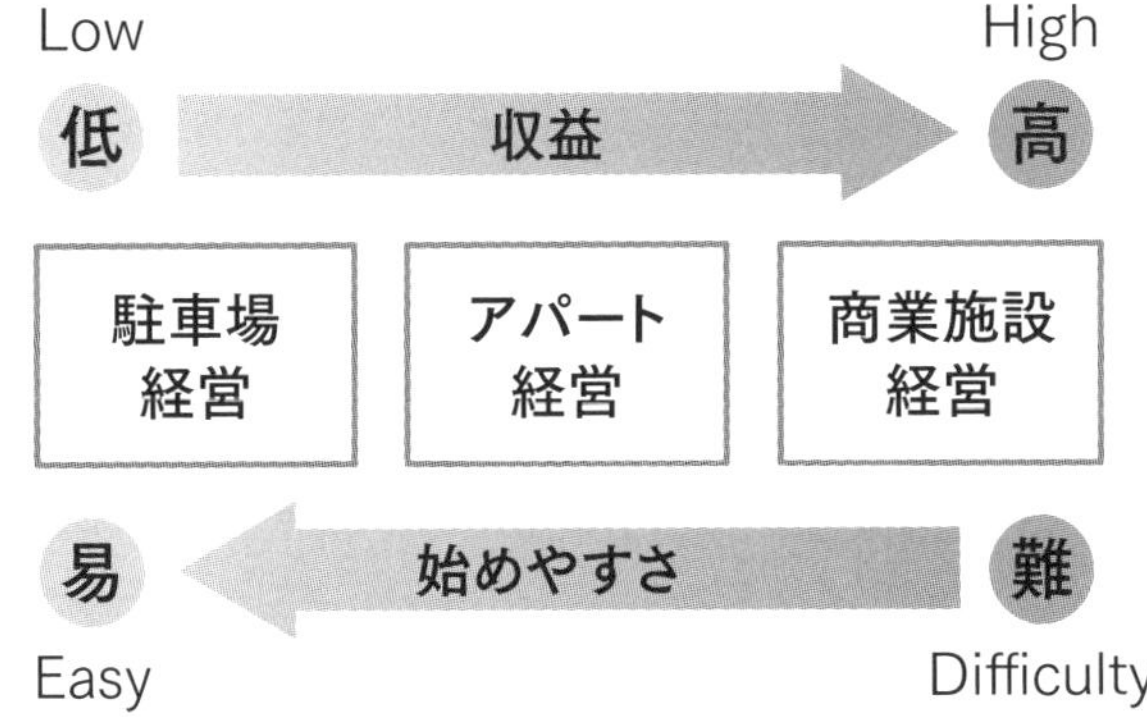

トを絞るかで、あなたに合った活用法を見つけてください。

04 どこにポイントを絞るか【土地活用の選び方】

では以上の解説を踏まえて、つぎの4つのポイントから土地活用の選び方を具体的に見ていきましょう。

❶初期投資額を重視した選び方
❷安定性を重視した選び方
❸節税対策を重視した選び方
❹収益性を重視した選び方

❶初期投資額を重視した選び方

まずは初期投資額を重視した選び方、つまりはあまり初期投資にお金をかけたくないという場合の土地活用法です。ここではつぎの4つについて解説していきます。

・月極駐車場

・コインパーキング
・トランクルーム
・トレーラーハウス

■月極駐車場経営による土地活用法

まずあなたの所有する土地で月極駐車場を経営するメリットはつぎの4つになります。

❶初期費用や維持費が少ない

もっとも少ない資金ではじめることができる土地活用法のひとつです。更地に線を引くぐらいでできるため、メンテナンス費用が発生しにくいのも特徴です。管理コストも比較的低いことから、月極駐車場経営は投資リスクの低い活用方法であるといえます。

❷ほかの用途に転用しやすい

建物を建築する必要がないので、売却する際に建築物の解体費用がいらず、更地に戻しやすいため転用性が高い点もメリットです。「借地借家法」は対象外で賃借人への立ち退きは事前通告のみで可。

❸活用しにくい土地でもできる

アパートやマンションなどが建てられないような、狭い土地でも始められるのもメリットになります。市街化調整区域内など建物が建てられない場所でも可能です。

❹管理に労力がそれほど必要ではない

必要な管理業務は、駐車場の清掃や敷地内での事故の対策などです。平面駐車場の場合、事故があってもオーナーの管理責任が問われるケースはあまり多くありません。

つぎに駐車場経営のデメリットです。

❶税務上の優遇を受けられない

土地に住宅を建てた場合、固定資産税を最大で1／6、都市計画税も1／3まで減額することが可能です。しかし駐車場の場合、税法上では「更地」と同じ扱いを受けるため、税金の軽減措置を受けることができません。

また、土地にアパートを建てた場合は土地の相続税評価が下がるため、相続税の額も減額されますが、駐車場の場合は減額されないため注意が必要です。

❷収益が少ない

駐車場経営は、初期投資の額や維持費用が低い一方で、収益性の低さに注意しなければなりません。土地の広さは決まっているため、収容できる車の数にも限界があり、得られる収益にも上限が発生します。

もちろん収益性が低いから悪いというわけではありません。転用がしやすい、管理が簡単といったメリットを重視する人には、収益性の低さには目をつぶることもできるでしょう。

また立体駐車場（タワーパーキング）にして、限られた広さを高さでカバーし、その分収益性を上げる方法もありますが、その分、初期投資費用や維持費などは増加してしまいます。

最後になりますが、あなたが所有する土地に駐車場のニーズがあるかどうかは、入念に調査しましょう。

コインパーキングによる土地活用

基本的なメリット・デメリットは月極駐車場と同じです。

コインパーキング形式による駐車場経営には、２つの方法があります。

まずひとつは専門業者に土地を一括借り上げしてもらい機械を導入し、地代を受け取る方法です。

もうひとつは、専門業者から機械を購入して管理を依頼する方法です。

一般的には月極駐車場による方法よりコインパーキング形式の方が高い収益を得られるとされています。

■トランクルームによる土地活用法

トランクルームによる土地活用方法は、土地内にトランクルームを設置して、契約者の荷物を入れるというもので、収益モデルに関しては駐車場経営による土地活用方法とよく似ています。トランクルームにも、専門業者に土地を一括借り上げしてもらう方法と、自分でトランクルームを購入して設置し管理を業者に依頼する方法があります。

【メリット・デメリット】

- 駐車場同様、初期投資額を重視したい方にお勧めの土地活用方法。
- 業者に土地を一括借り上げの場合、トランクルームを購入するリスクを回避できるが収益は小さい。
- 自分でトランクルームを購入設置し管理を業者に依頼すれば、リスクはあるが収益を高くできる。
- トランクルーム経営は、比較的場所を選ばずはじめることができる。とくにオフィスなど商業施設や住宅街、港の近くなどでの利用が見込める。

■トレーラーハウスによる土地活用法

トレーラーハウスとは、けん引できる住宅のことです。車両扱いになるため、本来ならば建物が建てられない市街化調整区域などでも住居として設置することが可能です。住居としての機能性が低いと思われがちですが、最新のトレーラーハウスは断熱性にも重視してつくられるなど、快適に過ごすことができるようになっているほか、機能性も高くなっています。

【メリット・デメリット】

トレーラーハウスは本体価格が200万円程度、本体の移動や設置作業にかかる費用は50~100万円程度と、アパート・マンションなどにくらべると圧倒的に初期投資費用を抑えることができる点が最大のメリットです。

トレーラーハウスは住居としても店舗としても活用することができ、柔軟性に富んだ活用ができる点もメリットです。

ただし設置する場所によっては地盤改良が必要になる点がデメリットといえます。地盤改良には、高い場合は100万円程度の費用がかかることがあるため、事前に確認しておく必要があります。

❷安定性を重視した選び方

つぎに見るのは安定性を重視した選び方です。

安定性を重視するなら事業用定期借地権を利用したロードサイド店舗やコンビニへの土地活用が適しているかもしれません。

また公共性の高い保育園や医療施設、老人向け施設なども、長期一括借り上げしてもらうことで安定性を狙うことが可能です。

ロードサイド店舗による土地活用

ロードサイド店舗とは、幹線道路沿いの土地や人通りの多い道路に面した土地に建てる店舗のことです。交通量の多さやアクセスのよさを活かして、商業系の店舗を建てることで土地活用できます。

【メリット・デメリット】

ロードサイド店舗の場合は、一般的に出店事業者との間に20年間以上に及ぶ契約を結ぶため、安定性を重視したい人にお勧めの方法です。

事業用定期借地方式であれば、自己資金ゼロから経営が可能なので、初期投資額を低く抑えたい人にもお勧めです。一般的に、コンビニエンスストアなど、比較的小さな商業施設を除いて、事業用定期借地方式での土地活用をされることが多いといえます。出店事業者に土地だけを貸すため、初期費用をかけずに土地活用をはじめることができるのが大きなメリットですが、収入が地代となるため、建物賃料ほどの収益は期待できないのは残念です。

それに対してリースバック方式による活用の場合は、初期コストを抑えながら建物を建てて、店舗経営は出店企業に任せることで、地代より多くの賃料収入を得ることができるメリットがあります。ただし、建物の所有権は土地所有者であるあなたのものとなるため、固定資産税・都市計画税は納めなければなりません。

■事業用定期借地権とリースバック方式による活用の違い

事業用定期借地権方式とは、リースバック方式と違って、あなたが所有する土地だけを業者に貸して地代をもらう土地活用方式です。業者とあなたの間で事業用定期借地権契約を結び、建物は業者が建てます。

これに対してリースバック方式とはあなたが所有する土地の上にあなたがコンビニや商業施設を建設し、土地と建物を業者に貸し出し、その代わりに土地と建物の賃料をもらう方式です。

リースバック方式は、初期コストを抑えながら建物を建てて、店舗経営は出店企業に任せて賃料収入を得ることができるメリットがあります。

■事業用定期借地権とは？

事業用定期借地権は事業用途のみに限定した借地権です。アパートやマンションなどの住宅を建てる用途には使えません。契約期間は10年から50年未満までと柔軟に設定できます。契約期間が終了すれば、あなたの土地は更地になって戻ってきます。

■コンビニエンスストアによる土地活用

コンビニ経営の場合は、あなたが所有する土地が交通量の多い道路沿いであるなど条件が限定的になるので事前の調査が大切です。

コンビニの経営方式にも、ロードサイド店舗同様、事業定期借地方式とリースバック方式の2種類が考えられます。安定性を何よりも重視するなら出店業者選びを慎重に行い、事業定期借地方式で活用するという考え方があります。また安定性の中にも収益性を狙うならリースバック方式で土地・建物両方の賃料収入を得るという考え方もアリでしょう。

【メリット・デメリット】

コンビニ経営に適した土地であれば、初期投資額を抑えながら、高収益を目指すことができる点がメリットです。安定性の中にも収益性を重視したい人にはお勧めの土地活用方法といえます。

ただしコンビニ経営は一般的に、契約期間が10〜30年程度と長いため、長期的な収入を見込むことが可能である反面、その期間中はほかの土地活用に変更することができない点に注意が必要です。

❸節税対策を重視した選び方

節税ありきのアパート経営はダメ！

土地活用というとよく話題に上るのが「節税対策のための土地活用」です。確かに相続する財産が多い場合、更地を相続するよりそこにアパートなどの貸家が建っていた方が、結果的に相続税の節税になることがあります。

そこに目をつけた悪徳業者が甘言で「節税のためのアパート経営」をアピールし、トラブルを引き起こす事例があとを絶ちません。

とくに相続税法の改正によって平成27年1月1日以降の相続・遺贈が実質増税となって以降、貸家の着工件数が急に増えました。

【節税対策を重視した選び方】

アパート建築による相続税減額効果

建築前	建築後
建築費 5,000万円　土地（更地） 5,000万円	貸家の評価 **1,050万円**　貸家建付地 **2,050万円**
その他財産　2億円	その他財産　2億円
相続税対象財産　3億円	**評価額6,900万円↘** 2億3,100万円
相続税　6,920万円（相続人　子供2人）	**相続税2,650万円↘** 相続税　4,270万円（相続人　子供2人）

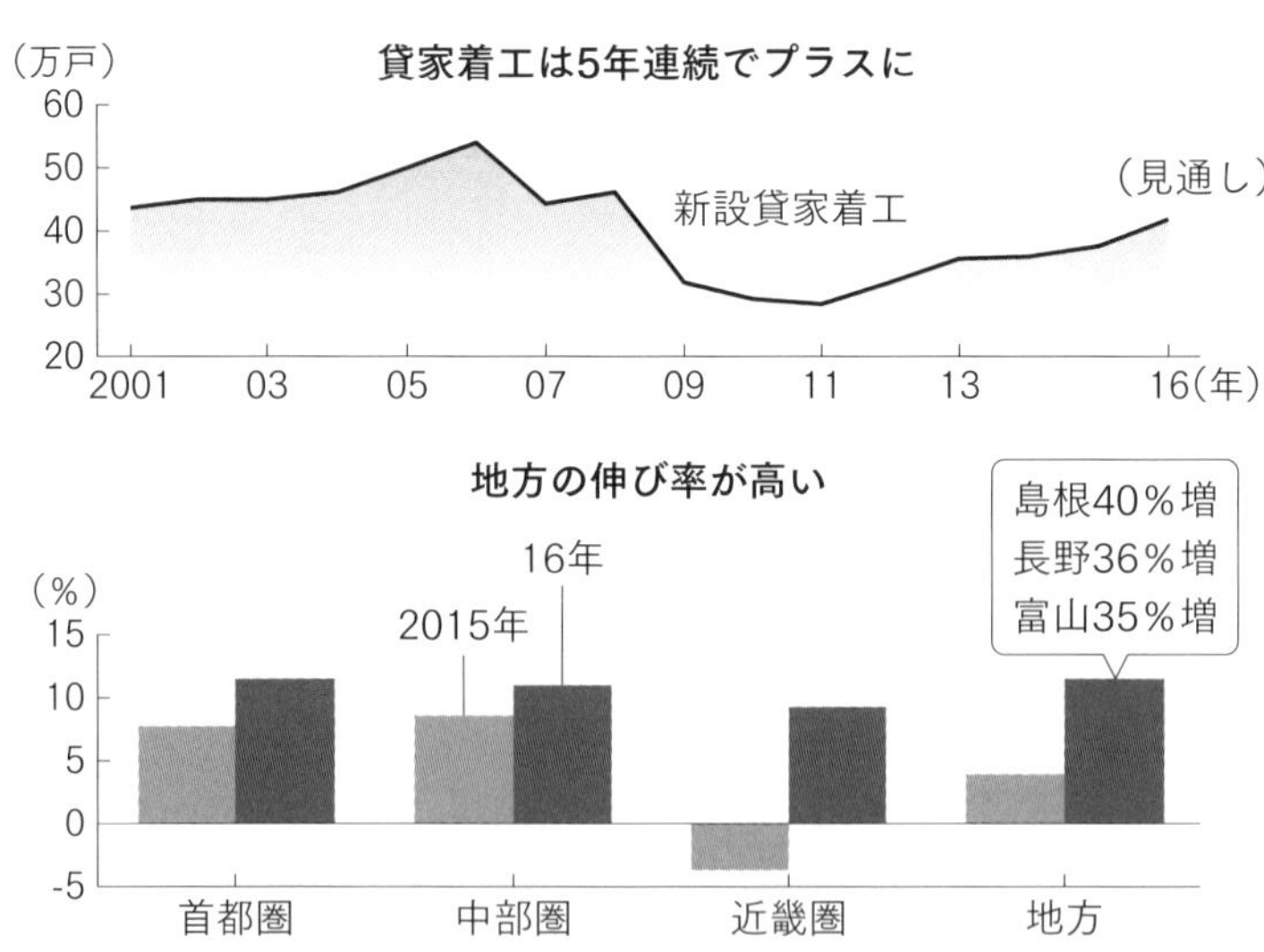

注：前年比増減率、16 年は 1 ～ 11 月
出所：日本経済新聞

ここで心配されるのが地方での貸家着工件数の増加です。先に空き家活用のところで触れたように都市部への人口集中や少子化で、そもそも地方での空き家は増えていて、そこに新たに新築貸家が増えた場合、新たに空き家を増やすだけに終わるのではないでしょうか。

実際「レオパレス21問題」に象徴されるように、「30年間一括借り上げ」の甘い罠に陥ったオーナーが、実需のない土地にアパートを建て大損するケースは枚挙に暇がありません。

■30年一括借り上げの罠

「30年一括借り上げ」とは、オーナーが建てたアパートを不動産会社が土地とともに一括して借り上げ、空室の有無にかかわらず30年間賃料を払い続けるというものです。

少しでも賃貸住宅経営のことを知っていれば「そんな甘い話はない!」と言下に断れるのですが、その甘言に乗せられて30年間新築時の家賃が入り続けると信じたオーナーが被害にあってしまうのです。

そもそも空室があっても一定の賃料を払い続けることなど不可能ですし、賃料は下がると考えるのが現実的です。また建物の修理や設備の入れ替えなどの費用は、オーナーの負担になりますから、収入は新築の予定よりどんどん少なくなっていきます。一方アパートを建てる際に金融機関から借りたお金は元本・金利とも変わりませんから、ある段階からアパート経営の収支は赤字になり、最終的には土地にアパートを建てて節税するより、結果的に「相続税を払う方がよかった！」あるいは「土地活用せずに売却した方がよかった！」ということになるケースが多いのです。

ここでは子どもたちに不動産を残したいというあなたの気持ちが徒にならないように、最初に節税ありきのアパート経営はダメだということを、肝に銘じてください！

■❹収益性を重視した選び方

収益性を重視した土地活用の方法として、アパート・マンション経営やコンビニなどの店舗経営があります。また地方などで日当たりのいい広い土地が確保できるのであれば、太陽光発電などの収益性は高いといえます。

もちろん収益性の高い活用法の裏には決して低くない確率でリスクが隠れています。たとえばアパート・マンション経営には、常に空室リスクがつきまといます。多くの大家さんが「満室経営」を目指して日々努力されていますが、それでも満室を維持することは並大抵のことでは不可能です。

また太陽光発電には日照量変化のリスクがあります。このリスクを避けるためには、地形や天候、周囲の環境などを慎重に見極める必要があります。

したがって収益性を重視して土地活用することは、高い収益性の背後に隠れたリスクをどれだけ理解できるかということでもあるのです。

■アパート・マンション経営

あなたの所有する土地にアパート・マンションを建て、その部屋を不動産会社の協力を得て賃貸し、そこから得た賃料で建設資金を返済、将来的にはいわゆる「不労所得」を得ようとするのがアパート・マンション経営です。

建物の建築費用など初期投資は額が大きくなるので、自費で賄うことのできる人はわずかです。ほとんどが金融機関からの借り入れによって賄います。

あなたのように土地を所有している場合は、土地も購入する場合にくらべて借り入れも少なくてすむので、資金計画も比較的余裕を持って考えることができます。

アパートやマンションは、学生向けやファミリー向けなど、どの層をターゲットにするのかで間取りや賃料なども大きく異なります。あなたの所有する土地がどんなターゲットに向いているのか綿密な事前調査が必要です。

【メリット・デメリット】

土地活用としてのアパート・マンション経営は、新築から数年間満室経営ができれば、建築コストをほぼ回収できることもあります。これは大きなメリットです。賃料が高くとれる間に建築コストを回収すれば将来的には賃料を安定した不労所得とすることもできます。

デメリットとしては、あらゆる土地活用のうちでもっとも年間経費がかかることでしょうか。固定資産税や所得税などの税金はもちろん、建物の修理費やエアコン・給湯器などの設備機器の入れ替え費、エントランスや廊下などの共用部電気代、メンテナンス費用など、さまざまな費用が発生します。こうしたものを賃料収入から引いたものが収益となります。

支払いも多くなるアパート・マンション経営ですが、不動産所得は減価償却費や青色申告特別控除など、実際に手元から支払わない項目を経費として計上できます。結果としてマイナスとなった場合には給与所得などほかの所得のプラスと損益通算できることから、サラリーマンにも人気です。

■戸建て賃貸住宅経営

戸建て賃貸住宅の経営も、基本的にはアパート・マンション経営と同じ考え方で大丈夫です。

個人の土地活用で戸建て賃貸を採用するケースでは、将来は自分のための住居としたり、お子さんのための住居としたりすることを想定して戸建て住宅を建て、とりあえずは賃貸しておくという考え方もあります。

【メリット・デメリット】

アパート・マンション経営と並んで収益性を重視したい人にお勧めの土地活用方法です。アパート・マンション経営と違うのは小さな土地からでもはじめられることです。一戸からでも借り手はあるのではじめやすいといえます。

逆に戸数が少ないと空室期間は極端に収入が少なくなるのがデメリットといえます。

■シェアハウスによる土地活用

シェアハウスとは、ひとつの建物の中に複数の居室と、リビング、キッチン、浴室、トイレなどの共用施設を備えた賃貸住宅です。「共有」と「交流」を楽しめる住まいとして、若い世代を中心に注目されています。うまく運営できれば空室が生まれにくいともいわれています。

【メリット・デメリット】

基本的には賃貸マンション、アパートと同じ運用を行います。

リビング、キッチン、浴室、トイレなどが共用なのでアパートやマンションと比較して建築費用を抑えることができるので、初期投資額を抑えたい人にもお勧めです。

デメリットは、シェアハウスを上手に運営するノウハウを持った管理会社が少なく、支払う管理コストが高くなる点です。

■賃貸併用住宅による土地活用

建物の中にオーナーの住居部分と賃貸部分があるものを言います。

運用はアパート・マンションや、戸建て賃貸などと同じです。

自宅部分も賃貸に出したり、将来的には賃貸部分を2世帯住宅に改造するという方法で柔軟に運用できるのが特徴です。

【メリット・デメリット】

賃貸併用住宅は、小規模住宅用地の特例が適用されることから、相続税だけでなく固定資産税の節税も期待できるので節税対策も同時にしたい人に適しています。

また居住部分が51%以上であれば、アパートローンより金利の低い住宅ローンでの利用を考えることができるのもメリットです。

デメリットとしては、収益物件としても自己居住用としても中途半端と判断され、売却しづらい点でしょうか。

■ガレージハウスによる土地活用

戸建て賃貸住宅のバリエーションのひとつで最近人気なのがガレージハウスです。ガレージハウスとは車庫付き住宅のことで、車やアウトドアなどを趣味とする人たちにアピールできる賃貸戸建て住宅です。

一階部分がガレージのため、上階の住居部分から外に出ることなく駐車スペースに行くことができます。

【メリット・デメリット】

収益性を重視しながら節税対策を重視したい人は検討してみる価値のある土地活用の方法です。

建築基準法の規定では車庫面積が建物の延床面積の1／5以下であれば、車庫部分は建築面積から除外され、固定資産税の税額算定からも除外されます。

通常の賃貸物件とくらべて、ガレージハウスは賃料を高めに設定できるため、高い収益が期待できるメリットがあります。

契約数が少なく市場データも少ないため、建物プランや入居者募集についての事前調査を綿密に行わなければならず、この点はデメリットといえます。

■コインランドリーによる土地活用

土地の上にコインランドリー用の建物を建てて設備を導入し、コインランドリーの利用者からの支払いで収入を得る土地活用方法です。比較的狭い土地でも導入しやすく、現地に管理者が常駐している必要がありません。

コインランドリーを設置しただけでは利用者は増えず、周辺環境リサーチと、周辺価格相場を見た上での利用料金調整など、運用をはじめてからの経営努力が大事です。

一般的には住宅街の近くが効果的で、利用者が車で洗濯物を運ぶことを考えると駐車場も数台確保できた方がよいでしょう。

コロナ禍以前は外国人旅行者（インバウンド）需要の多いところでは高い収益が上がったようです。

【メリット・デメリット】

利用者がリピーターになる可能性が高いため、収益性だけでなく安定性も重視した土地活用方法と言えます。

ランニングコストが低いため比較的手軽に運営できる点はメリットといえます。

業務用コインランドリー専用の洗濯機や乾燥機は高価で設備の導入に費用がかかる点はデメリットといえます。

太陽光発電による土地活用

あなたの所有する土地に太陽光発電システムを設置して、売電収入を得る方法です。太陽光発電システムは、事業用であれば20年間売電価格が固定されるため、20年先まで安定した収入を見込むことができます。

【メリット・デメリット】

20年間売電価格が固定されることを考えれば、安定性を重視した土地活用方法といえるでしょう。なお、太陽光発電は国が推進している背景から、補助金などの制度が充実していますが、設置される自治体によって制度の内容は異なるため、事前調査が必要です。

一方、太陽光発電システムの経年劣化による発電効率の低下や、何かがぶつかったことによる破損などがリスクとして考えられます。太陽光発電システムによる土地活用は、できるだけ周りに高い建物の建つ心配のない郊外の大きな土地での運用がお勧めです。

■賃貸経営のメリットとリスク

ここで改めてアパートやマンション、戸建て住宅をはじめとした賃貸物件を土地活用として利用する際に考えておきたい「賃貸経営のメリットとリスク」について見ておきたいと思います。

賃貸経営のもっとも大きなメリットとは、定期的な収入＝賃料が得られる（インカムゲイン）だけでなく、売却すれば価格の上昇分の利益（キャピタルゲイン）を得ることもできるという点でしょう。またさまざまな費用を経費として計上できるというメリットもあります。

もう少し詳しく見ていくとつぎのようなメリットが浮かび上がってきます。

【賃貸経営のメリット】

①収入が安定している
②長期的な収入が確保できる
③レバレッジ効果が高い
④値上がりが期待できる
⑤節税になる
⑥年金対策になる
⑦生命保険代わりになる
⑧相続税の節税効果
⑨節税対策に役立つ
⑩経済変動に強い
⑪インフレーションに強い

①収入が安定している ②長期的な収入が確保できる ③レバレッジ効果が高い ④値上がりが期待できる ⑤節税になる ⑥年金対策になる ⑦生命保険代わりになる ⑧相続税の節税効果 ⑨節税対策に役立つ ⑩経済変動に強い ⑪インフレーションに強い

では賃貸経営が抱えるリスクにはどんなものがあるでしょうか。

①空室リスクがある ②家賃下落のリスクがある ③家賃の滞納リスクや夜逃げリスクがある ④自殺や事故で風評被害を受けるリスクがある ⑤不動産価格が下落するリスクがある ⑥金利上昇による借入金返済が滞るリスクがある ⑦税制優遇が受けられなくなるリスク ⑧ランニングコストがかかるリスク

【賃貸経営のリスク】

①空室リスクがある
②家賃下落のリスクがある
③家賃の滞納リスクや夜逃げリスクがある
④自殺や事故で風評被害を受けるリスクがある
⑤不動産価格が下落するリスクがある
⑥金利上昇による借入金返済が滞るリスクがある
⑦税制優遇が受けられなくなるリスク
⑧ランニングコストがかかるリスク

パートナー選びが重要

こうしたメリットを十分に活かし、巧みにリスクを回避して賃貸経営を行っていくには、何に注意すればいいでしょうか。そろそろ紙数が尽きそうですから、ひとつだけ挙げておきます。それはパートナー選びです。具体的に言えば、工務店、管理会社、リフォーム業者、清掃業者、金融機関、税理士など賃貸経営を進めるに当たってパートナーになってくれる人をどう選ぶかです。

ここではあなたの人間力が試されます。賃貸経営はひとりではできません。さまざまな局面でだれに任せるかが重要です。センチュリー21はプロフェッショナルがそろっていて安心できるのでお任せください。

05 不動産を賃貸するか売却するか

最後にあなたが所有する不動産を売却するか賃貸するかという悩ましい問題について整理しておきましょう。

❶売却する場合のメリット

- 売却益を得ることができる
- 費用や手間などがかからない
- 将来的な価格下落のリスクを回避できる可能性がある

❷売却する場合のデメリット

- 売却時期がはっきりしない
- 将来的な価格上昇メリットを失う可能性がある
- 現金が必要となる場合もある

❸賃貸する場合のメリット

- 定期的な収入＝賃料が得られる（インカムゲイン）
- 売却すれば価格の上昇分の利益（キャピタルゲイン）を得ることもできる
- 費用を経費として計上できる

❹賃貸する場合のデメリット

- 空室リスクがある・家賃下落のリスクがある
- 家賃の滞納リスクや夜逃げリスクがある
- 自殺や事故で風評被害を受けるリスクがある

- 不動産価格が下落するリスクがある
- 金利上昇による借入金返済が滞るリスクがある
- 税制優遇が受けられなくなるリスクがある
- ランニングコストがかかるリスクがある

失敗しない新時代の不動産売却

2023年1月30日　第1刷発行

著　者　大野 勲　徳田和正　岸川悦也
　　　　奥田幸三　大村武司　川向健太郎
発行人　久保田貴幸

発行元　株式会社 幻冬舎メディアコンサルティング
　　　　〒151-0051　東京都渋谷区千駄ヶ谷4-9-7
　　　　電話　03-5411-6440（編集）

発売元　株式会社 幻冬舎
　　　　〒151-0051　東京都渋谷区千駄ヶ谷4-9-7
　　　　電話　03-5411-6222（営業）

印刷・製本　中央精版印刷株式会社
装　丁　村野千賀子

検印廃止

Printed in Japan
ISBN 978-4-344-93778-9 C0030
幻冬舎メディアコンサルティングHP
https://www.gentosha-mc.com/

店舗紹介・不動産売却の流れ

世界最大級の不動産ネットワークでお客様の大切なお住まいの売却をサポート

不動産売却の本はいかがでしたでしょうか。

この本は「不動産売却で失敗する人を減らしたい」の想いでセンチュリー21の仲間達と出版を決めました。

我々が多数の不動産取引で経験してきた事例を踏まえて「お客様にご説明しておきたい事」や「不動産売却で失敗を回避できる方法」など、なるべく分かりやすく書かせていただきました。

不動産売却を成功に導くにはパートナー選びが重要です。この本を読んでいただいたことで大切な不動産をトラブルなくスムーズにご売却していただくことができれば幸いでございます。

最後まで読んでいただきありがとうございました。

センチュリー21エコホームズ

大野 勲（おおの・いさお）

センチュリー21 エコホームズ代表取締役
新大阪駅前にセンチュリー21の店舗を構え、不動産仲介、不動産買取、古家再生、リノベーション業など。賃貸住宅管理戸数2600戸
売却ＨＰ　https://www.baikyaku.co.jp/
賃貸管理ＨＰ　https://www.eco-homes.jp/

著者プロフィール

21歳で大手不動産フランチャイズに加盟する不動産会社に入社。

入社半年で店舗月間売上１位や３年連続でグループ年間売上１位という成績を収める。その後、新大阪店店長として月間売上日本全国１位を１年で６度達成するなど新記録を打ち立てる。

東日本大震災の被災地でボランティア活動をした際に現地の人々と触れ合ったことをきっかけに、「不動産を通して地域や社会に貢献しお客様からのありがとうを追求する」為、2011年に創業。「賃貸住宅フェア」「日経不動産フォーラム」「オーナーズフェスタ」などで講師登壇実績あり。国際ライセンスであるCPM（米国公認不動産経営管理士資格）など保有する資格は多数。

お客様の大切な「お家」の売却は信頼できる会社へ

センチュリー21レックホーム

　この本を手に取っていただきありがとうございます。手に取っていただいたということは不動産に興味をもっているか、不動産の売買や活用に悩んでおられるのかなと思います。

　本書でも書かせていただきましたが、不動産の売買も活用も悩まれた時に、どんな会社や担当者に出逢うかで大きく変わります。また、この本書に書かれている基本的なことを知っている上で相談するのと、知らずに相談するのとでも不動産営業がプレゼンする内容の理解も違ってきます。

　より不動産の売却をスムーズに、より安心して頂けるよう少しでもこの本を参考・活用していただき、よりよい不動産取引のヒントにして頂けると幸いです。

徳田和正（とくだ・かずまさ）

株式会社レックホーム　代表取締役
2022年
センチュリー21関西中四国ブロック連合会　連合会長
センチュリー21大阪奈良和歌山地域連絡会　会長
ホームページ　https://www.rechome.jp/

著者プロフィール

大阪府大阪市出身
大阪市在住
大学卒　昭和56年生まれ
宅地建物取引士
24歳　センチュリー21加盟店へ入社。
29歳　退社
29歳　センチュリー21レックホームを大阪府東大阪市にて開業現在に至る。

センチュリー21受賞歴
個人センチュリオン
本部社長賞
媒介受取報酬総額　新人賞
媒介受取報酬総額　東大阪奈良地区　第１位
大阪奈良和歌山地域連絡会　優秀店舗事務表彰
関西中四国圏ブロック連合会　お客様好感度賞

【どんな不動産】でも活用する方法を一緒に考えます。

センチュリー21フォステール

この本の中では、主に空家問題、古民家再生、空家、空地の活用を担当させていただきました。この部分は、不動産業者がもっとも不得意とする部分ではあると思います。また、昨今の不動産業界の大きな問題の一つだと思います。

いわゆる田舎の土地や建物は、境界不明、測量図なし、公図混乱など様々な問題があり、売買価格も低価格であるため、不動産業者は取り扱いを懸念します。しかし、どんな不動産でもその土地や建物には、所有者の方の思い出などがあります。私は、その思いを大切にしていけるそんな不動産売買をこころ掛けています。どんな不動産でも必ず価値はあります。また、ニーズもあります。そんなお客様を探すのが私たち不動産仲介業の仕事だと思っております。

この本を読んでいただいた方には、不動産売買で少しでも、不動産取引を良い思い出にしていただきたいと思っています。よい取引をするには良き不動産パートナーを……。

岸川悦也（きしかわ・えつや）

株式会社フォステール　代表取締役
２０１８年・２０１９年　センチュリー21大阪・奈良・和歌山地区地連会長
センチュリー21　フォステール奈良西大寺店
ホームページ　https://c21-phoster.co.jp/
センチュリー21　フォステール大阪谷町店
ホームページ　https://c21-phoster-tanimachi.com/

著者プロフィール

1977年奈良県生まれ。
信念……初志貫徹
趣味特技……古いものを綺麗にする
保有資格……宅地建物取引士・古民家鑑定士１級
愛犬家住宅CD・不動産コンサル
美容師や建築業等を経て不動産会社を設立。
奈良県奈良市に本社を構える創業14年の不動産会社代表取締役。
主に不動産の仲介業、プラス買取再販、特にその中でも古民家再生に力を入れる。
2017年度から空き家再生を本格的に強化し、2018年度には営業１名で空き家を20棟販売。
その粗利率は40％を越え高収益ビジネスとして事業化した。
中古リノベーションのスペシャリスト。
また、ペット共生リノベーションの買取再販でも成功を収め事業化を実現。
相続反響システム完全自動化等の成功事例のノウハウを活かし全国で講演会を多数実施。

不動産売買は「会社選び」から既に始まっている

センチュリー21ライフアドバンス草津店

この本を手に取って頂き有難うございます。この本を手に取ってくださったと言うことは不動産売買や土地活用等に興味がある方だと思います。

　不動産は購入も売却も土地活用も依頼される会社によって提案が全く変わってきます。少しでもお得に不動産を購入したい、少しでもお得に不動産を売却したいと思われる方は思った時点で不動産の売買が始まってると思ってください。なぜならば不動産売買を依頼する会社選びから始まってるからです。

　この本を読んで頂いて少しでもお得に不動産売買が行われるように願っております。

奥田幸三（おくだ・こうぞう）

株式会社ライフアドバンス　代表取締役
株式会社 BondsCamper　代表取締役
2020年・2021年センチュリー21関西中四国圏ブロック連合会会長
2020年・2021年センチュリー21京都滋賀地域連絡会会長

著者プロフィール

21歳：引越最大手の会社に就職、23歳：管理職に昇進、26歳：支店長に昇進し、法人部と不動産会社への挨拶回りへ月１回同行し不動産に興味を持つ。28歳：センチュリー21加盟店（滋賀県大津市）へ営業として転職（営業)、33歳：センチュリー21加盟店（滋賀県守山市）へ店長として転職、37歳：センチュリー21ライフアドバンスを滋賀県草津市にて開業

受賞歴：2019年春のセールスラリー店舗受取報酬総額　滋賀地区　第２位
2019年秋のセールスラリー店舗受取報酬総額　滋賀地区　第２位
2020年春のセールスラリー店舗受取報酬総額　滋賀地区　第２位
2020年秋のセールスラリー店舗受取報酬総額　滋賀地区　第３位

SNS情報：Instagram　https://www.instagram.com/century21lifeadvance/?hl=ja
YouTube（Lifeチャンネル）
https://www.youtube.com/channel/UCiedofk-Pv2DRcRXEn-LRHQ
会社URL：https://c21-lifeadvance.co.jp/

「相続した不動産」の売却は信頼できる専門家にご相談ください

この本の中で主に不動産相続のパートを担当させて頂きました。複雑でわずらわしい手続きが多い不動産相続は、単に売却だけでなく法律や相続税、譲渡税、控除、保険料……これらは繋がっています。相続に関する手続きをトータルで把握できる存在がいなければ、相談者に早い段階で気づきを提供することは難しい分野です。各専門家に任せていた業務を自分で把握したいという想いから、1級ファイナンシャル・プランニング技能士、宅地建物取引士、上級相続診断士、社員が資格を取得し、不動産業者の垣根を越えて、多角的なサポートを展開しております。

この本を読んでいただいて、少しでも皆様の気づきになれば幸いに存じます。

センチュリー21ウエストエリア

大村武司（おおむら・たけし）

ウエストエリア株式会社　代表取締役

２０２０年・２０２１年　センチュリー21大阪・奈良・和歌山地区地連会長

著者プロフィール

鳥取県倉吉市出身

１級ファイナンシャル・プランニング技能士・宅地建物取引士

23歳：不動産管理会社に就職、25歳：不動産賃貸仲介会社へ営業として転職、27歳：東急リバブル株式会社へ営業として転職、37歳：東急リバブル関西リテール部門№１受賞、39歳：独立し、丸波商事株式会社を設立、42歳：センチュリー21へ加盟ウエストエリア株式会社へ社名変更、44歳：不動産相続の相談窓口へ加盟、49歳：2021年度不動産相続の相談窓口MVPを受賞。

一般向けの相続セミナーを開催する他、不動産相続や相続専門家向けセミナーの講師依頼も、北は北海道、南は沖縄まで全国から多数寄せられる。

これから不動産の売却をお考えの皆様へ

センチュリー21　穂高住販（宇治大久保店、桂店、城陽店、大津店）

この本をご覧頂きありがとうございます。この本にご興味を持っていただいた方は不動産の売買や活用といったことに悩んでおられたり、これから動こうとお考えの方だと思います。

そうしたお客様に向けてこの本は書かせて頂きました。販売の方法、会社選び、担当者によって売却結果が大きく変わることがあります。それらの経験を基に内容を凝縮した書籍となっております。

この本には知っておかなければならない基本的な内容や知らなければ損をする情報までいろいろな要素が取り入れられた内容となっております。

不動産の売却をよりスムーズに、より安心して頂けるよう少しでもこの本を参考にして頂けると幸いです。

川向健太郎（かわむかい・けんたろう）

株式会社　穂高住販　専務取締役
資格：宅地建物取引士　相続診断士
２０１８・２０１９年　センチュリー21京都滋賀地域連絡会　副会長

著者プロフィール

昭和57年生まれ　京都府宇治市出身　宇治市在住　龍谷大学卒
平成17年　東急リバブル株式会社へ新卒で入社。平成21年　退社
平成21年５月　株式会社穂高住販へ入社。賃貸管理部門へ配属
平成23年　売買部門へ転属
平成27年　穂高住販　桂店へ店長として配属
平成29年　専務取締役へ就任
現在に至る

受賞歴
店舗　　平成10年　店舗センチュリオン
　　　　平成15年　同上（関西３位）
　　　　平成16年　秋のセールスラリー（関西圏１位）
　　　　　　　　　店舗センチュリオン（関西２位）
　　　　平成17年　同上（関西２位）
　　　　平成18年　同上（関西１位）
　　　　平成19年　同上（関西５位）
　　　　平成25、27、29、31年　店舗センチュリオン
個人　　平成25年　個人センチュリオン
SNS
インスタグラム　https://www.instagram.com/housing_brand_hodaka/
フェイスブック　https://ja-jp.facebook.com/hodaka.jyuhan/
YouTube
https://www.youtube.com/channel/UCwhksznQb8WQmNb79bKCorQ
会社URL　https://www.hodaka-j.co.jp/

お住まいご売却時全体の流れ

STEP 1 ご売却のご相談
P.19

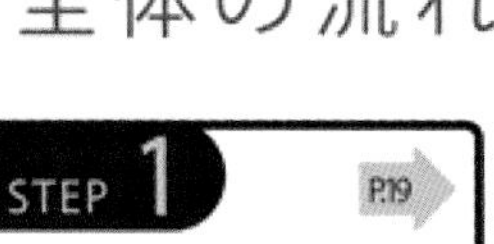

ご売却物件を様々な角度から調査し、査定価格や売出価格をご提案。売り出しのタイミングや、幅広いネットワークを活用した購入希望者へのアプローチ等、できる限りのお手伝いをいたします。

STEP 2 ご売却物件の調査・査定
P.20

STEP 3 ご売却のための媒介契約
P.20

ご売却を決められたら、お客様(売却主)とセンチュリー21との間で売却依頼の契約を結びます。売出価格はこの時に決めていただきます。

STEP 4 ご成約に向けた販売活動
P.21

売主様のご希望にできる限り添えるよう、チラシ・住宅情報・インターネットなど、総力をあげて販売活動をいたします。また、センチュリー21へご登録いただいている購入希望者の方へのご紹介も行っています。

STEP 5 不動産売買契約(ご売却)
P.22

購入希望者(買主様)が見つかりましたら、諸条件を充分に確認した上で、売買契約を締結します。

STEP 6 物件の引渡し準備と抵当権の抹消
P.23

ご売却物件に住宅ローンやその他の抵当権等が付いている場合、抹消手続を行い、残代金の受領日までに引越しを済ませます。

STEP 7 残代金の受領と物件のお引渡し
P.23

残代金を受け取り登記の申請が済むと、物件のお引渡しです。ご売却後も確定申告等お気軽にご相談ください。

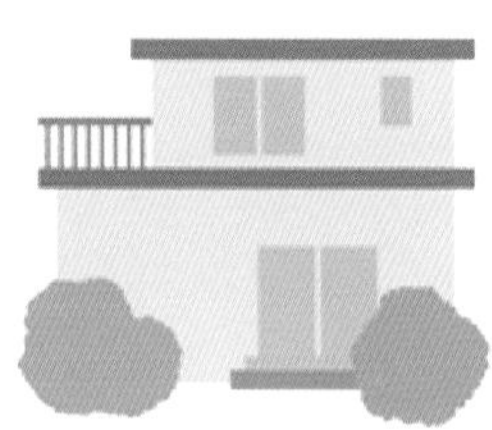

CENTURY 21